L'ÉTANG DE PRÉCIGNY

PAR

ÉLIE BERTHET.

1

PARIS
PASSARD, LIBRAIRE-ÉDITEUR,
9, RUE DES GRANDS-AUGUSTINS.

1849

L'ETANG
DE PRÉCIGNY.

A LA MÊME LIBRAIRIE.

EN VENTE :

UN MILLION DE PLAISANTERIES

Calembours, Naïvetés, Jeux de mots, Facéties, Réparties, Saillies, Anecdotes comiques et amusantes, inédites ou peu connues, recueillies par Hilaire le Gai. 1 charmant volume in-32. 2 fr.

UN MILLION DE BÊTISES

ET DE TRAITS D'ESPRIT, Bons contes, Bons mots, Bouffonneries, Calembours, Facéties anciennes et modernes, Parades de Bobèche, etc., recueillis par Hilaire le Gai, 1 charmant volume in-32.................................... 2 fr.

PETIT TRÉSOR DE POÉSIE RÉCRÉATIVE

Choix des plus agréables Facéties en vers, anciennes et modernes, Satires, Contes, Épigrammes, Madrigaux, Pièces burlesques et galantes, recueillies par Hilaire le Gai. 1 charmant volume in-32.. 2 fr.

UN MILLION D'ÉNIGMES

CHARADES ET LOGOGRIPHES anciens et modernes, recueillis par Hilaire le Gai. 1 charmant volume in-32........ 2 fr.

POUR PARAITRE SUCCESSIVEMENT :

PLUSIEURS VOLUMES SUR DIFFÉRENTS SUJETS

même format et même prix.

ALMANACH FACÉTIEUX

RÉCRÉATIF, COMIQUE ET PROVERBIAL POUR 1849,

Recueil d'Anecdotes, Bons mots, Calembours, Énigmes, Charades, Logogriphes, précédés de Proverbes relatifs à l'agriculture et de Présages astronomiques et météorologiques, pour toute l'année, publié par Hilaire le Gai. 1 vol. in-18 de 192 pages.... 50 c.

Corbeil, imprimerie de Crété.

L'ÉTANG
DE
PRÉCIGNY

PAR

ÉLIE BERTHET.

1

PARIS
PASSARD, LIBRAIRE-ÉDITEUR,
9, RUE DES GRANDS-AUGUSTINS.

1849

I

Un matin d'automne de l'année 1848, la cloche d'un village du Bas-Berry sonnait lentement un glas funèbre, dans la vieille tourelle de l'église rustique. Au son de ce lugubre tocsin, cent cinquante ou deux cents campagnards se pressaient, d'un air morne et consterné, dans l'humble cimetière. Trois fosses d'inégale grandeur venaient de se refermer ; trois familles arrosaient de larmes la terre fraîchement remuée. Un vénérable prêtre, après avoir béni la dernière demeure des fidèles trépassés, après avoir adressé aux affligés quelques paroles consolantes et bien senties, revenait vers l'église en répétant les prières d'usage.

Jusqu'à ce moment, la douleur avait été calme et comme contenue par le respect, mais dès que l'officiant eut disparu à l'angle du bâtiment gothique, il se fit une explosion de cris et de lamentations parmi les assistants. Tous, sans exception de sexe et d'âge, s'abandonnèrent au plus violent désespoir. Ici c'étaient des sanglots et des gémissements, plus loin des murmures et des blasphèmes. Jamais désolation publique sur une petite échelle ne s'était manifestée avec des formes plus émouvantes.

En effet, ce n'était pas seulement sur leurs amis défunts que pleuraient ces pauvres gens, c'était aussi sur leurs propres maux ; au premier aspect on jugeait qu'ils avaient besoin de pitié pour eux-mêmes, car ils semblaient porter déjà le germe de la mort ; ils avaient le teint hâve et plombé, les yeux éteints, les joues creuses, comme des pestiférés. Quelques enfants à la mamelle conservaient bien encore ce coloris, cette fraîcheur, signes ordinaires de la santé ; mais à voir le visage pâle et défait des malheureuses mères qui les tenaient dans leurs bras, on devinait que le mal, après avoir frappé le tronc, ne tarderait pas à frapper le frêle rejeton.

Un mot expliquera l'état misérable de cette petite population.

Précigny, le village dont nous parlons, était situé sur le bord d'un étang, au centre d'un pays plat, nu, presque sans arbres et sans ondulation; seulement à un quart de lieue environ, une colline peu élevée, portait les ruines d'un ancien château féodal. Sur cet immense plateau, les eaux de l'étang s'épandant en liberté, projetaient de nombreuses *queues,* à travers des joncs et des roseaux, jusqu'aux extrémités de l'horizon. Au-dessous du village, une longue et solide chaussée contenait cette masse liquide, et à la chaussée même était adossée une belle fabrique au majestueux développement, dont les bâtiments réguliers occupaient le fond d'une espèce de vallée, creusée de main d'homme. Des écluses qu'on fermait la nuit, formaient une chute d'eau d'une grande puissance, et une roue à aubes mettait en mouvement les machines de la manufacture. A gauche de l'étang, du côté de Précigny, le sol, quoique peu boisé, présentait une culture assez soignée ; mais de l'autre côté s'étendait à perte de vue une de ces landes stériles, appelées *brandes* dans le Berry, terrains ingrats où quelques moutons peuvent à peine trouver une chétive nourriture au milieu des bruyères.

On devine maintenant la cause des souffrances des pauvres paysans. Les eaux contenues par les écluses pendant la nuit, s'écoulaient en partie pendant le jour, laissant sur ce sol uni, sans inclinaison, une couche épaisse de limon et de vase. Corrompue par les rayons du soleil, cette vase exhalait des vapeurs malfaisantes d'où résultaient des fièvres pernicieuses et mortelles. Le village, situé à deux pas de ce foyer d'infection, avait dû être le premier à en sentir la redoutable influence; aussi, comme nous l'avons dit, presque aucun de ses habitants n'avait-il été complétement épargné par l'épidémie ; tous, attaqués d'une fièvre opiniâtre qui entraînait avec elle une déperdition de forces physiques et morales, ressemblaient à des spectres hideux. Longtemps ils avaient subi avec résignation ce mal inexorable ; mais l'été qui venait de finir avait été particulièrement chaud et sec, les exhalaisons marécageuses avaient pris un caractère de malignité terrible; enfin, le jour où commence cette histoire, trois décès simultanés étaient venus épouvanter cette infortunée population et la pousser jusqu'à l'extrême désespoir.

Des groupes désolés s'étaient formés dans l'enceinte du cimetière ; là une mère, les cheveux épars, les vêtements en désordre, se lamentait entre deux pauvres enfants demi-nus, se tordait les bras avec frénésie ; plus loin un homme aux traits bouleversés, aux yeux égarés, immobile devant une tombe, ne pouvait ni prier, ni pleurer. Un vieillard, à la barbe blanche, au crâne chauve, s'était agenouillé à l'écart, sur la troisième fosse ; son chapeau et son bâton étaient jetés près de lui; d'une main il égrenait un chapelet, de l'autre il serrait convulsivement contre sa poitrine un petit garçon de cinq ou six ans, chétif et souffreteux.

On s'était retiré à distance pour ne pas gêner ces saintes douleurs. De pauvres gens, assis sur l'herbe dont le cimetière était rempli, les coudes appuyés sur les genoux et le visage dans les mains, semblaient vouloir étouffer leurs sanglots. Des femmes, réunies autour de la grande croix qui s'élevait au centre du champ funèbre, priaient à haute voix avec ferveur. Quelques hommes, au milieu de cette désolation générale, avaient conservé un peu d'énergie; ils erraient comme des ombres à travers les groupes. Ils se regardaient tristement les uns les autres, mais ils ne se parlaient pas; que se fussent-ils dit? Ils n'avaient pas de consolations à se donner; chacun reconnaissait sur les traits décomposés de son voisin, de son ami, de son parent, les signes d'une fin prochaine ; ils se sentaient condamnés à une peine commune ; la cloche du village qui continuait à sonner pour les morts dans son clocher en ruines, semblait sonner aussi leur agonie.

Tout, autour d'eux, se mettait en harmonie avec cette scène lugubre. Le jour était terne et sans soleil ; l'atmosphère brûlante annonçait un orage pour la fin du jour et abattait les courages en faisant ruisseler la sueur sur les fronts. Des corbeaux, hôtes ordinaires des crevasses de l'église, planaient en croassant au-dessus de la foule. Par-dessus les haies à demi dépouillées et poudreuses qui fermaient le cimetière, le regard pouvait embrasser un paysage gris, uniforme, où l'automne n'avait laissé ni verdure ni feuillage : les eaux noires et immobiles de l'étang se couvraient d'un brouillard fauve et fétide ; à travers ce voile de vapeurs transparentes, on entrevoyait les vastes solitudes de la Brande, qui se perdaient sans arbres et sans accidents du sol dans un bleuâtre lointain.

Le vieillard, agenouillé sur la fosse, avait enfin achevé sa prière. Il remit son chapeau à larges bords pour cacher son visage sillonné de larmes, puis s'appuyant d'un côté sur son bâton, de l'autre sur l'enfant dont il semblait ne pouvoir se séparer, il vint s'asseoir sur une grosse pierre. Là, il fit placer l'enfant à ses pieds, lui prit la tête entre ses genoux, et il tomba dans une profonde méditation.

Pendant quelques instants encore on respecta son isolement volontaire ; on le regardait de loin sans oser approcher. Enfin deux ou trois chefs de famille s'avancèrent vers lui d'un air grave ; la foule, devinant qu'on allait agiter une question de haute importance, forma un grand cercle autour d'eux :

— Père Nicolas, dit un homme de figure intelligente et un peu mieux vêtu que la plupart des assistants, en secouant cordialement la main du vieillard, vous voilà bien triste de la mort de ce pauvre Jérôme, votre petit-fils ! Mais il ne faut pas, à votre âge, se laisser aller au chagrin... Vous nous devez l'exemple du courage, voyez-vous !... d'ailleurs, vous êtes notre ancien, père Nicolas, et si vous ne nous donnez pas un bon conseil pour faire bientôt cesser nos malheurs, cette misérable fièvre nous emportera tous...

— Oui, tous! répéta le vieillard avec égarement; tous, jeunes et vieux, petits et grands... Mon pauvre Jérôme, le fils de ma chère Jeannette!... Mais il m'en reste un, continua-t-il en attirant dans ses bras l'enfant couché à ses pieds; de tous mes petits enfants, il me reste celui-là, mon joli petit Pierre! et celui-là, je le garderai, je ne veux pas qu'il meure comme ses frères, comme sa mère... Oui, je le sauverai! Entends-tu, garçon, je ne veux pas que tu meures!

L'enfant, surpris de ce transport, leva sur son aïeul ses grands yeux bleus, et lui dit avec une naïveté touchante :

— Allez! allez! grand-père, ne vous inquiétez pas... Je suis trop petit pour mourir!

Nicolas l'embrassa en sanglotant.

— Eh bien! comment ferez-vous pour le

sauver? demanda le premier interlocuteur qui s'appelait Mathurin et qui était un des plus riches cultivateurs de Précigny, cette infernale maladie n'épargne personne!

— Je quitterai le pays avec mon petit-fils, répliqua le vieillard en délire, je partirai, je pars... je ne sais où j'irai, mais il y a encore de bonnes gens dans le monde! On ne refusera pas un morceau de pain à un vieillard qui ne peut plus travailler, à un enfant qui ne peut pas travailler encore... nous irons loin, bien loin d'ici!

Mathurin secoua la tête.

— Vous ne ferez pas cela, Nicolas, reprit-il, vous êtes né à Précigny, et vous voudrez y mourir quand l'heure sera venue!.. Ensuite, comme vous nous aimez, vous ne pourrez vous décider à nous abandonner ainsi.

Que deviendrions-nous sans vous? Vous êtes notre seul appui, notre conseiller...

— Eh! que puis-je pour les autres, quand je ne peux rien pour moi-même? Mais vous avez raison; ce serait de la lâcheté de vous abandonner, je ne vous quitterai pas... Aussi bien ce n'était pas ma vie que j'allais disputer à la fièvre; j'ai fait mon temps, moi... j'eusse voulu seulement sauver le dernier de mes petits-fils!

Il se rassit, pencha sa tête sur sa poitrine et garda un morne silence. Les auditeurs imitaient cette sombre consternation. Pouvait-il leur rester le moindre courage, quand le Nestor du village, le patriarche de Précigny, s'abandonnait à un pareil désespoir?

— Père Nicolas, reprit enfin Mathurin d'une voix émue, le gouvernement ne prendra donc pas pitié de nos malheurs? Il ne fera donc pas dessécher ce fatal étang dont le voisinage nous tue?... Cette pétition que M. le curé a envoyée à Paris sera donc définitivement sans résultat?

— Oui, il n'y faut plus penser... pourrait-on écouter les plaintes de pauvres paysans comme nous, quand nous attaquons un homme riche et influent comme ce M. Laurent, le maître de la fabrique?... Ces messieurs de Paris ont repoussé notre demande... il faut nous résigner à notre sort!

A ce nom de M. Laurent un murmure d'indignation s'éleva dans la foule.

— Eh bien, reprit Mathurin, si nous ne pouvons avoir pour nous ces messieurs qui font les lois, pourquoi ne nous adresserionsnous pas au roi lui-même? on dit qu'il est bon, il nous rendra justice.

— Oui, oui, sans doute, il est bon... mais comment lui faire parvenir nos plaintes? Qui se chargerait de plaider notre cause devant lui? Quel bourgeois de ce canton oserait solliciter pour nous? M. Laurent notre ennemi a un crédit formidable, tout le pays est sous son influence; le préfet même du département a, dit-on, peur de lui. D'un autre côté, M. le curé est vieux, infirme, à peine a-t-il la force de remplir les devoirs de son saint ministère, il lui serait impossible de se rendre à Paris; d'ailleurs, mes amis, le roi ne jouit plus d'autant d'autorité qu'autrefois... Il ne pourrait rien en notre faveur à moins de payer de ses deniers la fabrique et de la faire jeter bas; mais il est trop pauvre pour une telle dépenses.

— Mais alors ! s'écria Mathurin avec véhémence, si personne ne veut venir à notre secours, au secours de nos femmes e de no enfants, il faudra bien que nous nous aidions nous-mêmes... Pourquoi n'agirions-nous pas contre ce bourgeois impitoyable comme on agissait autrefois contre tant de pauvres nobles qui n'étaient pas le quart aussi méchants ? Ah ! s'il y avait dans cette paroisse des hommes de cœur, nous ne serions pas si paisibles !

— Oui, oui, il faut aller trouver Laurent, dirent deux ou trois voix, il faut le tuer, il faut brûler sa fabrique... Si nous devons périr, au moins nous serons vengés !

Nicolas fit un geste d'autorité.

— Ne pensez pas à cela, braves gens, dit-il avec plus de fermeté qu'il n'en avait montré jusque-là ; ne nourrissez pas de pareilles idées... Ces nombreux ouvriers qui habitent là-bas le Nouveau-Précigny se croiraient obligés de défendre leur maître, et ils seraient inévitablement les plus forts ; ils ne souffrent pas autant que nous de l'épidémie, car ils sont mieux logés, mieux nourris, mieux vêtus. Déjà une fois, le contre-maître anglais, M. Smithson, leur a monté la tête parce qu'on l'avait insulté un jour qu'il traversait le village.

Le nom de Smithson causa dans la foule une fermentation que le nom du manufacturier lui-même n'avait pu produire.

— Certainement, s'écria l'un des assistants, c'est ce chien d'Anglais qui excite M. Laurent contre nous et qui l'empêche d'avoir pitié de nos maux... Sans cela, les prières de Thérèse, la fille de M. Laurent, cette excellente demoiselle, qui est toujours si pâle, fussent parvenues à fléchir son père; le vieux Laurent est avare, mais il ne passait pas pour méchant lorsqu'il était l'intendant du comte de Précigny, l'ancien seigneur du village!

— Il n'y a rien à attendre de Laurent, dit une femme vêtue de noir, avec l'accent d'une profonde haine, il nous vendrait pour quelques écus de plus dans son coffre-fort... Ma fille est morte de la maladie qui nous emportera tous; eh bien! puissé-je, avant de descendre dans la tombe, le voir pleurer sa fille comme je pleure la mienne, et je mourrai contente!

Des signes de désapprobation accueillirent

ce souhait d'une mère égarée par la douleur.

— Non, ne parlez pas ainsi, Guillaumette, dit une femme, mademoiselle Thérèse est une bonne créature ! Elle m'a envoyé du blé et un peu de vin quand je n'ai plus pu travailler !

— Elle a fait de ses mains des vêtements pour les petits de Bernardin ! s'écria une troisième.

— Elle a payé secrètement le fermage des Patureau, que l'Anglais Smithson voulait faire déloger au printemps dernier.

— On ne doit désirer la mort de personne, dit Nicolas à son tour d'un ton austère, et encore moins celle d'une jeune fille qui n'est pas responsable des fautes de son père. Guillaumette, vos malheurs n'excusent pas votre indigne vœu... Retirez-le donc. Dieu, sans que vous ayez besoin de provoquer sa vengeance, réserve peut-être à ce père cruel un châtiment terrible!

Un nouveau silence régna dans la foule. Comme il arrive d'ordinaire, l'abattement succédait peu à peu aux transports d'une douleur excessive.

— Ainsi donc, s'écria enfin Mathurin, en levant les yeux au ciel d'un air de reproche, tout nous abandonne! Le pauvre aujourd'hui ne trouve nulle part ni protection ni appui... Est-ce donc pour cela qu'on a versé tant de sang et qu'on a fait des révolutions?

— Personne ne s'inquiète de nous, maintenant que nous avons des droits écrits sur le papier, dit Nicolas avec amertume; autrefois, sous l'ancien régime, quand nous avions des maîtres et des seigneurs, nous étions plus heureux... oui, mes amis, continua-t-il en s'animant, si autrefois une population entière de pauvres paysans avait été menacée de destruction comme nous le sommes, des hommes puissants, dans leur propre intérêt, eussent pris en main notre cause, ils nous eussent fait rendre justice... Mais au temps où nous vivons, chacun pour soi et Dieu pour les riches!... Si nous ne pouvons nous sauver nous-mêmes, on nous laissera périr!

Quelques gémissements répondirent aux regrets impuissants du vieillard. Mathurin seul crut devoir protester contre ces paroles.

— Vous êtes de l'ancien régime, père Nicolas, reprit-il ; vous vous souvenez d'avoir été jardinier au château de Précigny, et vous êtes trop disposé à mal juger du temps où nous vivons... Pourquoi ne trouverions-nous plus d'honnêtes gens pour nous plaindre et nous protéger ?

— C'est que, mon pauvre Mathurin, les honnêtes gens, aujourd'hui, aiment le calme et le silence ; ils ne se soucient pas d'affronter des inimitiés redoutables pour un intérêt qui n'est pas le leur... Cependant, je dois l'avouer...

Le vieillard s'arrêta tout à coup et prêta l'oreille ; tous les assistants devinrent attentifs. Dans un chemin creux, qui longeait le cimetière, dans l'autre côté d'une haie touffue, une voix fraîche et jeune chantait joyeusement le couplet si connu de *Richard*.

> Que le vaillant roi Richard
> Aille courir les hasards...

Puis le refrain :

> Moi, je pense comme Grégoire,
> J'aime mieux boire.

Le chant s'interrompit et on reprit sur un ton grondeur :

— Ici, Ravaude... Tout beau, méchante bête ! êtes-vous donc si impatiente d'entrer en chasse, et allez-vous prendre pour des perdreaux, les oies maigres et les poulets chétifs des *citoyens* de Précigny ? (Le mot de *citoyens* était prononcé avec une certaine ironie.) Allons, ma bonne chienne, soyons gentille ; votre pauvre maître n'a plus aucun droit sur ce libre village, et si vous étranglez poulets ou canards, ma chère belle, il me faudra les payer.

Puis la voix continua de plus belle :

> Moi, je pense comme Grégoire,
> J'aime mieux boire.

II

Ce soliloque, entremêlé de chant, semblait insulter, par son insouciante gaîté, à la douleur de cette population malheureuse. L'indignation monta au visage de quelques villageois. Mathieu dit à demi-voix au vieux Nicolas, qui semblait vivement agité:

— C'est le comte Alfred de Précigny, le dernier descendant des anciens seigneurs... un jeune émigré, rentré depuis peu dans le pays ; il chante, lui ! Que lui importent nos souffrances? Les voilà donc, Nicolas, ces nobles que vous regrettez tant !

Mais Nicolas lui imposa silence par un geste déterminé.

— Vous ne le connaissez pas, dit-il avec force ; un Précigny ne peut être insensible à nos maux ! Celui-ci, je l'avoue, a toujours repoussé mes instances ; mais j'essayerai encore... c'est Dieu peut-être qui nous l'envoie en ce moment ! Mes amis, continua-t-il d'un ton assuré, s'il est quelqu'un capable de nous sauver, c'est le brave jeune homme qui va traverser le village !

La déférence que l'on avait pour l'âge et

l'expérience de Nicolas n'empêcha pas quelques sourires d'incrédulité.

— Il se soucie bien de nous ! dit un des assistants ; il ne songe qu'à chasser du matin au soir... D'ailleurs, il est très-pauvre et il n'a aucun crédit.

— Et on dit qu'il est au mieux avec Laurent, l'ancien intendant de son père, reprit un autre ; Laurent est allé lui faire visite à la ferme.

— Ce pauvre vieux Nicolas a toujours eu un faible pour la noblesse, ajouta un troisième ; je vous demande un peu comment un jeune étourdi qui nous connaît à peine...

— Silence, tous ! interrompit le vieillard avec une imposante énergie ; profitons de cette occasion... suivez-moi. Allons au-devant de ce noble jeune homme... si nous parvenons à l'attendrir, j'en atteste le grand Dieu du ciel, il nous sauvera! il sauvera mon pauvre petit Pierre!

En même temps, prenant l'enfant par la main, il se dirigea vers la porte du cimetière. Il y avait tant de confiance dans les paroles du vénérable patriarche de Précigny, que les paysans, d'un commun mouvement, obéirent à son appel. Quelques-uns secouaient bien la tête d'un air de doute, mais ils suivirent les autres, entraînés par l'exemple.

On s'arrêta sous de grands arbres qui précédaient l'entrée du champ funèbre. Nicolas se tenait en avant, toujours appuyé sur son petit-fils. Sa taille voûtée, sa barbe blanche, son air mélancolique, s'harmonisaient avec la pâleur maladive du frêle enfant. La foule se serrait derrière eux en silence, attendant avec une sorte d'anxiété ce qui allait se passer. Les hommes avaient tous le chapeau à la main.

Cependant les chants avaient cessé dans le chemin creux, soit que le voisinage du cimetière eût imposé au chanteur, soit qu'en approchant du village, ses idées eussent pris un autre cours. On entendait seulement les grondements sourds du chien de chasse qui, sentant si près de lui un grand nombre de personnes encore invisibles, donnait des signes d'inquiétude. Bientôt le maître lui-même tourna l'angle du chemin, et déboucha sur le terrain vague situé en avant du cimetière.

Le nouveau venu était un jeune homme de vingt-huit ans environ, de figure mâle, encadrée de beaux favoris noirs. Ses yeux, noirs comme ses favoris, comme ses sourcils bien arqués, avaient une expression fière et bienveillante à la fois. Sa bouche petite, naturellement dédaigneuse, souriait aisément, et montrait des dents blanches comme des perles. Il avait un costume de chasse des plus simples, longues guêtres en basane, montant jusqu'au genou, blouse grise, et casquette à la russe, attachée sous le menton par une bande de cuir verni. Il portait sous le bras un fusil double, et il tenait en laisse une magnifique chienne griffonne digne de l'admiration de tout chasseur expérimenté. Il était impossible de ne pas être frappé de l'air noble et gracieux du comte Alfred de Précigny.

A la vue de cette foule immobile et muette,

il ne put retenir un mouvement de surprise, mais ne voulant pas, sans doute, qu'on s'en aperçût, il porta la main à sa casquette pour saluer les villageois; puis, détournant la tête sans affectation, il se mit en devoir de passer outre et de traverser le village.

Au moment où il s'éloignait, on lui cria d'une voix vibrante :

— Le comte de Précigny est-il donc devenu si étranger aux anciens serviteurs de sa famille, qu'il n'ait plus pour eux ni un regard ni un mot de pitié !

Le jeune chasseur tressaillit et s'arrêta brusquement.

— Ah ! c'est vous, maître Nicolas, dit-il en tendant la main au vieillard; je ne vous avais pas reconnu d'abord... Je n'aurais eu garde de passer sans vous dire bonjour, mon vieil ami ; car ma pauvre mère, morte en exil, m'a parlé bien souvent de vous, comme d'un de nos fidèles *serviteurs*... Je pense que ce mot n'a rien d'offensant pour vous : vous l'avez employé le premier !

Et un sourire effleura ses lèvres.

— Je m'honorerai toujours d'avoir servi de bons maîtres et d'avoir obtenu leur estime, leur amitié peut-être, répliqua l'ancien jardinier. Si ces excellents seigneurs existaient encore, nous ne souffririons pas ce que nous souffrons.

Précigny lui jeta un regard oblique, comme pour s'assurer s'il n'y avait pas quelque chose d'ironique dans ces paroles ; il ne vit sur les traits du vieillard qu'une profonde douleur.

— Vous ne me semblez pas, reprit-il

gaiement, grand partisan de liberté ou même de monarchie constitutionnelle, mon bonhomme... Mais, ajouta-t-il aussitôt, comme pour changer d'entretien, vous voici en nombreuse compagnie, Nicolas, et dans un bien triste lieu... Vous serait-il arrivé quelque malheur?

— Et quelle place me convient mieux à moi et à ces pauvres gens, que la porte d'un cimetière?... Ne devons-nous pas nous préparer à la franchir bientôt pour y prendre possession de notre dernière demeure?

Le chasseur, malgré sa légèreté affectée ou réelle, remarqua enfin l'air solennel de Nicolas et la contenance morne des assistants.

— De quel ton vous me dites cela, mon

vieil ami! cette maudite fièvre de marais aurait-elle donc fait une nouvelle victime dans le village?

— Une victime! regardez nos visages, monsieur de Précigny; regardez le visage de cet enfant qui entre dans la vie, et regardez le mien, à moi qui suis arrivé bien près du terme... regardez-nous tous, et voyez s'il est un de nous, hommes et femmes, enfants et vieillards, qui ait échappé au terrible fléau? mais si vous appelez victimes ceux qui ont succombé, avancez de quelques pas encore, et vous trouverez ici trois tombes nouvelles... L'une renferme une jeune fiancée, l'autre un père de famille, et la troisième le fils de ma fille, l'enfant chéri de ma vieillesse, le frère de cet enfant qui bientôt peut-être ira le rejoindre...

La voix lui manqua ; le jeune chasseur paraissait vivement touché.

— Ce sont véritablement de grands malheurs ! reprit-il, et je ne comprends pas que l'autorité ne prenne pas enfin des mesures pour assainir ce pauvre village... En attendant, mon cher Nicolas, continua-t-il d'un air d'intérêt, vous et vos amis, vous pouvez compter sur mes services en cas de besoin... Je ne suis pas riche, vous le savez ; toute ma fortune consiste aujourd'hui dans cette modeste ferme de la Pommeraie, où je demeure ; mais ce que je possède est à la disposition de vos malades, et mes petites économies pourront soulager les plus nécessiteux... Vous entendez, Nicolas ! vous entendez, braves gens ? ajouta-t-il en élevant la voix.

Le vieillard jeta sur la foule un regard de triomphe.

— Vous êtes bien digne de vos nobles ancêtres! dit-il au chasseur avec attendrissement; mais cela ne suffit pas encore.

— Eh! que puis-je faire davantage? J'offre tout ce que je possède! dit Alfred avec étonnement.

— Comte Alfred de Précigny, vos ancêtres étaient les bienfaiteurs du pays... pas un malheur ne nous frappait qu'ils ne crussent devoir s'exposer à tout pour le détourner. Nous comptions sur eux comme sur la Providence, et comme la Providence, ils ne nous manquèrent jamais... Dans le terrible hiver de 1709, une épouvantable famine désola la province; votre aïeul ouvrit ses greniers et nourrit non-seulement les paysans de sa terre, mais encore ceux des terres voisines, d'où on le surnomma *le Boulanger...*

— Et en récompense, s'écria le jeune homme tout à coup d'une voix tonnante, mon père, le fils du comte Henri-le-Boulanger, est mort sur un échafaud en 93, aux applaudissements du peuple !

Jusqu'à ce moment Alfred de Précigny n'avait manifesté qu'une froide pitié mêlée parfois d'impatience ; mais en rappelant ce sanglant souvenir, ses joues s'empourprèrent, ses yeux brillèrent, sa taille sembla grandir. Les villageois baissèrent la tête d'un air consterné ; Nicolas seul conserva son assurance :

— Ce n'est pas dans ce pays que votre père a souffert le martyre, monsieur le comte, reprit-il ; il est mort à Paris... Ici le souvenir des bienfaits de votre famille eût rendu ce crime impossible! On se fût souvenu que douze ou quinze ans avant la révolution, un incendie avait consumé le village; votre père le fit reconstruire à ses frais, il rendit aux pauvres ce qu'ils avaient perdu, il les exempta de leurs fermages.

— Et, en récompense, interrompit Alfred, en frappant la terre avec violence de la crosse de son fusil, vous êtes allés brûler, toujours en 93, la demeure de vos patrons, ce vieux château dont nous apercevons d'ici les ruines! Regardez ces murs noircis, rongés par le feu, continua-t-il en désignant les débris de construction qui s'élevaient sur une colline, à quelque distance: voilà comment vous avez récompensé vos protecteurs!

— Ce n'est pas nous, répéta le vieux Nicolas en redressant sa taille voûtée, Monsieur le comte, j'en atteste le bon Dieu qui nous entend ! ce ne furent pas les habitants du village de Précigny qui mirent le feu au château... ce furent des bandes de misérables, venues des paroisses voisines; notre seul tort à nous fut de trembler et de ne pas mourir pour défendre la propriété de nos maîtres contre cette troupe féroce... N'est-ce pas, mes amis, continua-t-il en s'adressant aux assistants, qu'aucun habitant de Précigny ne prit part à cette action abominable?

Des réclamations s'élevèrent de toutes parts; plusieurs vieillards attestèrent la vérité des paroles de Nicolas. Le jeune gentilhomme écoutait d'un air sombre :

— C'est possible, dit-il enfin ; nous avons

peut-être été trompés par de faux rapports. A l'époque de cette catastrophe, ma mère et moi nous étions en Allemagne et nous venions d'apprendre la mort funeste de mon père; on a pu calomnier les gens de ce village!... Mais à quoi bon ressusciter ces vieilles histoires du temps passé? ajouta-t-il en reprenant son ton léger et un peu sec; je n'avais pas l'intention de débiter un sermon sur l'ingratitude: je ne suis ni un prédicateur ni un philanthrope, mais un humble propriétaire qui veut vivre en paix avec ses voisins. Ainsi donc, maître Nicolas, rompons cet entretien : je n'aime pas à m'échauffer la bile, et vous me permettrez d'aller me distraire un peu en tuant quelques perdreaux dans la brande...

Il porta la main à sa casquette, siffla son

chien et voulut encore s'éloigner ; Nicolas le retint.

— De grâce, ne nous abandonnez pas ! s'écria-t-il ; ne nous laissez pas mourir sans tenter au moins un effort pour nous sauver !

Alfred de Précigny fit un geste d'impatience.

— Ah ça, vieux Nicolas, dit-il brusquement, que diable désirez-vous de moi? Puis-je donc quelque chose contre la fièvre qui décime les habitants de ce village? suis-je médecin? suis-je en possession d'une panacée pour guérir les maladies causées par l'insalubrité de l'air? Sur ma parole, Nicolas, vous rêvez!

— Je ne rêve pas, monsieur de Précigny ; vous n'êtes pas médecin, en effet, mais vous êtes d'une race fière et généreuse qui a produit bien des hommes de cœur; si nous parvenions à vous intéresser à nos malheurs, nous ne devrions plus désespérer de les voir cesser... Je vous connais bien, moi, je vous connais peut-être mieux que vous ne vous connaissez vous-même; vous êtes le protecteur qu'il nous faut ! Énergie, courage, dévouement, vous avez tout; vous n'épargneriez ni soins, ni sacrifices pour nous obtenir justice; aucun ennemi, si puissant qu'il fût, ne vous ferait peur, et nous triompherions, j'en suis sûr, nous triompherions !

En dépit de son sourire ironique, le jeune gentilhomme était évidemment flatté de la confiance que lui témoignaient les anciens vassaux de son père. Après une longue et sanglante révolution populaire, après avoir lui-même passé vingt ans en exil, il sentait une douce satisfaction à voir ces malheureux recourir à lui, dans leur affliction, invoquer de lui, sous une monarchie constitutionnelle, l'ancien patronage féodal. Cependant il répondit à Nicolas d'un ton calme :

— J'ignore si vous et vos amis vous vous trompez sur mon caractère, mais certainement vous vous trompez sur ma position... Comment pourrais-je vous servir? Bien des années se sont écoulées depuis l'époque où les comtes de Précigny étaient les maîtres de ce canton, et pouvaient donner un appui efficace aux habitants de leurs terres! Que suis-je aujourd'hui de plus que vous? Rien, au point de vue de la loi, bien peu de chose au point de vue de la fortune. Des immenses propriétés possédées autrefois par mes ancêtres, il me reste cette petite ferme là-bas, près des ruines du château... une masure et quelques arpents de terre échappés par miracle aux spoliateurs, voilà aujourd'hui le seul patrimoine du comte de Précigny. Les temps sont bien changés, mes bonnes gens ! Tel petit cultivateur du voisinage est plus riche que moi... Quant au crédit, je n'en ai aucun, je n'ai aucune faveur à attendre du pouvoir. J'ai vécu obscurément et isolément dans une petite ville d'Allemagne, jusqu'au moment où j'ai cru devoir prendre possession du dernier débris de ma fortune. Je ne connais aucun personnage puissant, et aucun personnage puissant ne me connaît ; je ne demande qu'à vieillir dans la retraite et dans l'oubli... Vous voyez, mes bons amis, que mon intervention ne vous serait d'aucun secours ; cherchez quelqu'un de plus habile, de plus hardi que moi pour être votre champion... Je voudrais me sentir assez fort, mais je ne ferais que compromettre votre cause, et, s'il faut l'avouer, je crains de troubler inutilement mon repos. Cessez donc de me presser, c'est impossible... c'est impossible !

— Ne dites pas que c'est impossible, s'écria Nicolas, il n'y a rien d'impossible à un homme courageux qui défend l'opprimé... Mais excusez la franchise d'un vieux serviteur de votre père, je vois ce qui vous arrête, monsieur le comte ; votre cœur s'est endurci dans l'exil, il s'est rempli de fiel et de colère ; vous considérez nos maux actuels comme un châtiment de Dieu !

III

Albert rougit, car le vieillard avait deviné sa pensée secrète. Il détourna la tête d'un air sombre :

— Eh bien? quand cela serait, n'aurais-je pas des raisons suffisantes pour garder rancune au passé ?... Mais finissons cette scène ridicule, mon vieux Nicolas, continua-t-il d'un ton léger; je suis fort touché des maux qui vous accablent, mais je n'ai aucun motif pour me mêler de cette affaire... Le pacte qui unissait autrefois les comtes de Précigny aux habitants de ce village fut rompu violemment le jour où la tête de mon père roula sur un échafaud. Votre seule protection, aujourd'hui, c'est la loi; adressez-vous à elle.

— Et si la loi est impitoyable... si un homme puissant, égoïste, avare, comme ce manufacturier de là-bas, empêche nos plaintes de parvenir jusqu'aux interprètes de cette loi souveraine, qu'adviendra-t-il de nous?

— Je vous plains, mais que faire? Je ne suis pas chargé de punir ceux qui, dans la limite de la légalité, abusent de leurs avantages. Pourquoi irais-je m'attaquer à ce Laurent, quoiqu'il ait été l'homme d'affaires de mon père ? Il a acheté les biens dont j'avais été spolié ; mais, lui ou un autre, qu'importe ? Depuis mon retour ici, il n'a pas eu de mauvais procédés envers moi : il est même venu à mon ermitage me faire une visite de politesse que je ne lui ai pas rendue... pourquoi serais-je son ennemi ? Il ne m'a pas offensé... s'il m'avait offensé !..

Son front se crispa, il tendit un poing fermé vers la fabrique d'un air de menace ; un éclair jaillit de ses yeux.

— Le voyez-vous ? s'écria Nicolas avec enthousiasme en s'adressant à la foule, toute l'âme fière de ses ancêtres était dans ce regard... Mes amis, implorons-le pour qu'il venge nos injures comme il saurait venger les siennes! A genoux, mes amis, à genoux devant lui... Demandons-lui la vie pour nous, pour nos enfants, pour nos femmes et pour nos mères... Prosternons-nous, prosternons-nous bien bas, car de lui dépend notre salut!

En même temps, il fléchit le genou, et la foule électrisée l'imita spontanément. Les plaintes, les gémissements, les sanglots éclatèrent de nouveau comme à un signal. Tous les regards pleins de larmes se tournaient vers le jeune gentilhomme, toutes les mains suppliantes se tendaient vers lui. Les plus forts dans cette malheureuse population en étaient venus à ce point d'abattement et de désespoir où la volonté s'abdique elle-même. D'ailleurs, ces trois fosses à peine refermées, ces croix de bois qui hérissaient autour d'eux le sol du cimetière, comme pour marquer leur place, l'exemple de ce vieillard, le patriarche du village, le conseiller vénéré de toutes les familles, avaient vivement frappé leur imagination; on leur désignait leur protecteur, et ils se prosternaient devant lui, et ils l'imploraient, sans discussion, sans arrière-pensée.

Alfred de Précigny était confus des démonstrations respectueuses dont il se voyait l'objet; son beau visage devint pourpre.

— Que signifie ceci? dit-il à Nicolas d'un ton animé. Ne restez pas ainsi, je vous en prie! Relevez-vous, faites relever ces braves gens...

— Nous ne nous relèverons pas, comte de Précigny, si vous ne promettez d'être pour nous ce que vos pères étaient autrefois!

Au nom de votre aïeul, Henri-le-Boulanger, au nom de votre père, ce saint martyr, faites ce qu'ils eussent fait à votre place, protégez-nous... sauvez-nous!

— Sauvez-nous ! sauvez-nous ! répéta la foule tout d'une voix.

Nicolas, toujours agenouillé, saisit son petit-fils entre ses bras et éleva la tête blonde et pâle de l'enfant au niveau de celle du comte :

— Regardez cette pauvre petite créature! dit-il en fondant en larmes; c'est le dernier rejeton de ma famille autrefois nombreuse... Si vous nous abandonnez, elle mourra demain, comme moi qui suis parvenu à la limite de l'âge! pitié pour elle! pitié pour nous tous!

Alfred de Précigny semblait vivement

agité ; son souffle irrégulier soulevait sa poitrine. Tout à coup il saisit Nicolas par le bras, et il s'écria impétueusement :

— Allons, mes amis, je n'y tiens plus... je suis à vous, disposez de moi. On n'aura pas invoqué vainement le souvenir de mon père!... Oh! je suis fier de vos instances et de vos prières! mes ancêtres ont dû répandre autour d'eux de grands bienfaits pour que mon nom seul vous ait inspiré tant de confiance! Dans votre cruelle infortune vous avez recours à moi, pauvre jeune homme sans crédit et sans puissance, dont le seul mérite est d'être le descendant de vos bienfaiteurs; eh bien! votre espoir ne sera pas trompé. Je ne sais quels moyens j'emploierai, je ne sais comment je m'y prendrai, mais j'obtiendrai justice pour vous, dussé-je périr à la peine! Dieu m'inspirera ; on dit que la volonté c'est du génie ; j'aurai du génie pour vous sauver !

En parlant ainsi il s'était redressé ; son mâle visage rayonnait d'enthousiasme ; ses narines se gonflaient d'ardeur; son accent était franc et assuré. A le voir, à l'entendre, les malheureux habitants de Précigny sentirent l'espérance rentrer dans leurs cœurs ; ils se levèrent et l'entourèrent avec empressement.

— Quand je vous disais qu'il était de la bonne race! s'écriait Nicolas plein d'orgueil et de joie; maintenant, mes amis, courage ! vous verrez ce que vaut la promesse d'un Précigny !

La foule entourait en désordre le jeune chasseur ; les hommes lui serraient la main ; les vieillards le remerciaient avec effusion ;

les femmes cherchaient à toucher ses vêtements, comme elles eussent fait de ceux d'un saint. Alfred de Précigny était profondément attendri de ces simples caresses, de cette naïve gratitude ; il encourageait les uns, il souriait aux autres, et ses yeux se remplissaient de douces larmes.

— Eh bien, qu'attendons-nous encore? s'écria-t-il enfin avec chaleur ; nous n'avons pas de temps à perdre pour porter remède à des maux si pressants!... Tiens, mon ami, continua-t-il en présentant son fusil et la laisse de son chien à un jeune garçon d'une douzaine d'années qui était près de lui, charge-toi de mon arme et de Bavaude... va là-bas chez moi, à la ferme, reporter mon équipage de chasse... Pour nous, mes braves gens, nous allons nous rendre tous ensemble à la fabrique... Nous verrons M. Laurent, nous lui exposerons nos plaintes, et s'il ne nous écoute pas, que les conséquences de son inhumanité retombent sur sa tête!

— Oui... c'est cela... partons! s'écrièrent plusieurs voix. Maintenant que nous avons un chef hardi et résolu, nous mènerons bon train ce coquin de manufacturier! il faut profiter du moment où quelques-uns de nous ont encore la force de se défendre... Partons!

Mais Nicolas, qui avait soulevé ce mouvement populaire, sentit la nécessité de le modérer. Jusqu'alors, il avait parlé sous l'inspiration exclusive de la douleur causée par la perte récente de son petit-fils, maintenant la prudence de son âge se réveillait.

— Prenez garde, mon jeune maître, dit-il, en se penchant vers Alfred ; il y aurait du danger peut-être à conduire tant de monde à la fabrique... à cette heure-ci, les ouvriers de Laurent sont réunis dans les ateliers ; beaucoup de ces ouvriers sont Anglais, comme ce méchant Smithson, le contre-maître général, et ils ont eu déjà des querelles avec les habitants du village... Si nous arrivions là-bas en troupe nombreuse, ces discussions pourraient se ranimer ; on n'est pas toujours maître de contenir des gens exaspérés comme les nôtres, et nous devons, avant tout, employer les moyens de conciliation et de douceur !

Précigny, malgré son impétuosité, avait trop de bon sens pour ne pas comprendre la justesse de ces observations.

— Nicolas a raison, reprit-il à voix haute ;

il y aurait des inconvénients à nous rendre ainsi tumultueusement chez M. Laurent... Restez donc, mes amis; Nicolas et moi nous nous chargerons seuls d'aller plaider votre cause devant cet impitoyable bourgeois... Fiez-vous-en à nous pour lui dire ce qu'il faut qu'il sache, et si nous n'obtenons rien de lui, eh bien, nous agirons vigoureusement, je vous le promets.

Nicolas approuva cette décision ; pendant que le comte adressait quelques paroles de bonté aux habitants qu'il reconnaissait dans la foule, le vieillard s'approcha d'une voisine et lui remit son cher petit-fils :

— Je ne puis mener cet enfant avec moi, dit-il avec émotion, je vous le confie, bonne Fanchette; veillez bien sur lui pendant mon absence; ne le perdez pas de vue un instant...

N'est-ce pas que vous me promettez de me le rendre gai et bien portant ! Mon petit Pierre, voyez-vous, c'est mon bonheur, c'est ma vie !

La voisine assura qu'elle aurait la plus grande vigilance, Nicolas embrassa deux fois l'enfant, lui sourit, l'embrassa encore et s'avança vers Alfred en soupirant.

Cependant au moment de se mettre en route il examina d'un air de préoccupation le costume de Précigny. Celui-ci après s'être débarrassé de son attirail de chasse était resté en guêtres de cuir, en blouse de coutil et en casquette. Quoique la coupe de ces divers ajustements ne manquât pas d'une certaine élégance, leur ensemble ne formait pas une tenue convenable pour une visite de cérénie; Nicolas en fit timidement l'observation :

— Ai-je besoin de me revêtir d'un habit noir pour paraître devant l'ancien intendant de mon père? dit le jeune homme avec un peu de hauteur dédaigneuse.

— Non, sans doute, Monsieur le comte, répliqua le vieux paysan, qui semblait avoir une raison secrète d'insister sur ce sujet; mais, comme vous le disiez tout à l'heure, les temps sont bien changés!... Nous allons à la fabrique solliciter une faveur, une grâce, et il pourrait s'y trouver telles personnes...

— Je perdrais trop de temps à retourner chez moi, à la Pommeraie, interrompit le jeune comte; peu importe mon costume pourvu que l'on m'entende... D'ailleurs, continua-t-il, je suis le délégué des habitants de Précigny, et je ne prétends pas être vêtu plus richement qu'eux... on saura ainsi que je suis leur ami, leur égal, et que je défends mon propre intérêt en défendant le leur!

Ces paroles affectueuses portèrent au comble la reconnaissance des campagnards. Ils levaient les yeux au ciel d'un air attendri.

— Partons donc, reprit Nicolas; vous mes amis, ne nous suivez pas... vos intérêts sont en bonnes mains!

Ils allaient s'éloigner quand Mathurin s'avança d'un air inquiet dans le cercle dont ils occupaient le centre.

— Monsieur de Précigny, et vous, père Nicolas, dit-il, réfléchissez à ce que vous allez faire... Il n'est peut-être pas prudent à vous de vous hasarder seuls ainsi à la fabrique, et vous agiriez sagement en me permettant de vous accompagner avec une demi-douzaine de nos garçons les plus robustes. Nous n'entrerions pas chez Laurent, nous attendrions à la porte et nous n'apparaîtrions qu'en cas de besoin... Vous, père Nicolas, vous êtes un homme posé et froid, mais monsieur le comte est vif, plein de courage ; un mot de travers, si la discussion s'animait, pourrait vous mettre en danger, et alors...

— Merci, Mathurin, nous n'aurons pas besoin d'un pareil secours ; la filature de Laurent n'est pas un coupe-gorge, que diable ! et deux hommes peuvent bien s'y risquer en plein jour... D'ailleurs, monsieur le comte sera réservé ; il sait trop quelles conséquences funestes une parole inconsidérée pourrait avoir dans les circonstances actuelles !

— Nous n'avons rien à craindre, dit Alfred avec assurance; anglaise ou française, la canaille ne m'a jamais fait peur!... Adieu donc, mes braves gens; vous entendrez bientôt parler de vos fondés de pouvoirs.

Il salua gracieusement du geste, et, prenant le bras du vieillard qui voulait se soustraire à cet honneur, tous les deux traversèrent le village pour se rendre à la fabrique.

La foule les suivit longtemps des yeux, lorsqu'ils eurent disparu, les groupes se reformèrent devant le cimetière, et quelques notables se mirent à causer des chances probables de la démarche que l'on allait tenter.

— Sur ma foi, disait l'un d'eux, le jeune noble s'est bien conduit, quoiqu'il se soit fait longtemps prier! je ne sais s'il obtiendra quelque chose, mais ça donne du courage d'avoir un ami si chaud et si fier.

— Faudra voir, faudra voir, répondit Mathurin en secouant la tête; l'avenir décidera si ce beau feu-là sera de longue durée... En attendant, M. de Précigny me paraît pécher par trop d'ardeur, et je crains tout de bon qu'il ne s'attire là-bas une mauvaise affaire avec les *Englishmann* de la fabrique!

— Ce serait bien dommage! s'écria une femme, un si beau et si brave garçon!

— Au fait, ce serait une honte pour nous, si on insultait nos délégués... Surtout ce bon jeune noble que nos affaires ne regardaient pas!

— Eh bien, j'y veillerai, reprit Mathurin d'un ton résolu; vous mes voisins, ne quittez pas le village, et tenez-vous prêts à la moindre alerte... Moi, je vais aller rôder dans les environs de la fabrique... Je ne suis pas tranquille et décidément notre nouvel ami vaut la peine qu'on s'inquiète de lui !

Il donna encore quelques instructions aux assistants ; puis il prit à son tour la route de la manufacture, pendant que les autres paysans se dispersaient lentement.

IV

M. Laurent, le maître de cette usine dont le voisinage était si fatal aux habitants de Précigny, n'était pas précisément, malgré la haine de ses voisins, un méchant ou un malhonnête homme. C'était un de ces spéculateurs, assez communs à notre époque d'industrialisme, qui prennent volontiers le bien-être matériel de la société pour son intérêt suprême, et qui de la meilleure foi du monde croient rendre service à l'Etat en faisant leur fortune. Auprès de pareilles gens, le désir d'acquérir se substitue tout naturellement aux sentiments de générosité, de grandeur, de fraternité humaines; le génie des affaires éteint le cœur; une sèche et impitoyable raison étouffe les idées morales que l'on s'habitue à regarder comme de vaines futilités.

Avec un homme de ce caractère, la mission acceptée inopinément par Alfred de Précigny, ne devait pas être facile. L'histoire de Laurent était bien connue et rien n'annonçait que le manufacturier dût consentir au moindre sacrifice pour remédier aux maux dont il était la cause indirecte.

Laurent était fils d'un petit bourgeois d'une ville voisine. Il avait passé sa première jeunesse dans une maison de commerce de cette ville, et il y avait pris de bonne heure ce goût des affaires pour lesquelles il montra plus tard tant d'aptitude. Actif, entreprenant, d'un esprit juste quoique mesquin et étroit, il avait su calculer avant de savoir lire. Peu fortuné, il s'habitua à l'économie sans avoir senti le besoin; il ne comprit jamais que l'on pût dépenser au delà du strict nécessaire. Une seule fois dans sa vie, il eut occasion de voir de près le luxe et la richesse; ce fut à l'époque où il vint habiter le château de Précigny. Le père d'Alfred avait demandé à l'un de ses amis, un jeune homme instruit et laborieux pour gérer, sous sa direction immédiate, ses vastes domaines; Laurent, alors sans place, lui avait été envoyé, et nous devons dire qu'il s'était acquitté de sa mission, pendant plusieurs années, de manière à mériter des éloges. Néanmoins, l'abondance et le faste qui régnaient au château de Précigny, n'avaient pas un instant excité son ambition ; il était de ces modestes bourgeois de province qui se croyaient naïvement d'une autre espèce que les nobles; s'il désira la fortune, c'était pour la fortune elle-même, et non pour les jouissances qu'elle procure.

La Révolution arriva, et nous savons combien elle fut fatale à la famille Précigny. Laurent avait quitté ses maîtres dans les termes les plus honorables; trop égoïste pour se dévouer à eux dans leur infortune, il était néanmoins trop honnête pour leur faire aucun mal. Il avait acquis quelque bien à leur service, non pas qu'on pût lui reprocher aucune malversation dans son administration des domaines de Précigny; mais le père d'Alfred, en vrai gentilhomme, avait toléré que son intendant tirât tous les avantages raisonnables de sa position. Laurent possédait donc d'assez belles économies et les circonstances étaient favorables pour les faire valoir. Il spécula sur les laines dont le Berry a toujours été un des principaux marchés; dans ce temps où il n'y avait pas de concurrence, ses spéculations ne pouvaient manquer d'être heureuses; ses modestes capitaux doublèrent, triplèrent en peu de temps; alors il songea à tenter la fortune sur une plus large échelle.

Les biens de la famille Précigny, devenus biens nationaux, étaient en vente pour une somme modique, Laurent acquit un lot assez considérable de cette propriété. C'était, il est vrai, la partie la plus stérile, la moins favorable à l'agriculture; mais le spéculateur avait son plan arrêté depuis longtemps. Sur ce terrain en friche, se trouvait un cours d'eau qu'il comptait utiliser; il s'associa quelques personnes riches dont il avait su captiver la confiance, il se maria, afin d'avoir à palper une dot, et on connut enfin vers quel but tendaient ses efforts.

Un beau jour, les habitants de Précigny virent les eaux du ruisseau retenues par un barrage à quelque distance du village; en même temps des ouvriers se mirent à l'œuvre pour construire au-dessous une petite filature. Ils ne s'effrayèrent pas de ce voisinage, car ils ne songeaient pas encore à l'insalubrité qui pouvait en résulter pour eux ; la plupart même se réjouissaient d'avoir à portée un lieu où ils pouvaient vendre leurs laines sans se déranger. Cependant, peu à peu la filature prit du développement, le barrage se changea en solide chaussée, et les eaux commencèrent à refluer vers le village ; quelques cas de fièvre se manifestèrent, on s'en plaignit, mais sans aigreur. Tout le monde croyait trouver un avantage à ce qu'un semblable établissement prospérât dans le pays ; on se résignait à acheter cet avantage par quelques inconvénients.

— Cette résignation encouragea Laurent et ses associés, si toutefois ils en eurent connaissance. Leurs affaires allaient à merveille; ils sentaient de jour en jour la nécessité de s'agrandir pour donner à leur fabrication toute l'extension dont elle était susceptible. Enfin, quelques années avant l'époque où commence cette histoire, l'établissement industriel avait subi sa dernière, sa plus importante métamorphose : de nouveaux bâtiments y avaient été ajoutés; la simple filature était devenue manufacture de draps. La force motrice devant être plus puissante après cette addition de métiers, on avait fait venir à grands frais du haut pays divers cours d'eau pour les réunir à l'ancien. Ainsi, le petit étang, premier réservoir de l'usine, prit les proportions d'un vaste lac qui s'étendait jusqu'au pied du pauvre village, et y répandait pendant la majeure partie de l'année la fièvre et l'épidémie.

Telle avait été l'histoire de Laurent et de sa fortune ; quant à sa vie privée, elle n'avait offert aucune circonstance bien remarquable. Sa femme, créature assez insignifiante, était morte vers le milieu de l'Empire, en lui laissant une fille qu'il avait fait élever sous ses yeux avec beaucoup de soin. C'était de cette fille que les pauvres de Précigny avaient parlé récemment avec tant d'éloges, mademoiselle Laurent était, en effet, aux yeux des gens du pays, le bon ange qui les protégeait auprès du puissant manufacturier, tout comme son factotum, l'Anglais Smithson, était, disait-on, le mauvais génie qui lui attirait l'exécration publique.

Du reste, ce n'était pas sans raison que Nicolas avait tant insisté pour décider Alfred de Précigny à se charger des intérêts du pauvre village. A son arrivée dans la commune, le jeune émigré s'était tenu enfermé chez lui, témoignant assez par ses allures farouches qu'il n'entendait frayer avec aucun de ses voisins. Cependant, à la première nouvelle de son retour, on avait vu le manufacturier se rendre à la ferme, en habit noir et dans son cabriolet d'osier, pour visiter le fils de son ancien maître. Alfred l'avait reçu avec politesse, mais avec une froideur glaciale, et il ne lui avait pas rendu sa visite, de sorte que, depuis ce moment, tous rapports avaient cessé entre le gentilhomme et le manufacturier.

Cette démarche, insignifiante en apparence, avait néanmoins inspiré au vieux Nicolas de secrètes espérances pour le succès de la cause dont Précigny se faisait le champion. Quel motif en effet pouvait avoir eu Laurent, cet homme positif dont la vie avait été une spéculation perpétuelle, de se montrer si empressé envers un jeune homme pauvre, isolé, sans amis, lui, riche, influent, lié avec tous les personnages importants du département ? De deux choses l'une : ou le manufacturier, malgré son extérieur sec et froid, avait conservé un bon souvenir de ses premiers bienfaiteurs et avait reporté sur le fils la reconnaissance qu'il éprouvait pour le père, ou bien il avait un intérêt quelconque et secret à ménager Alfred de Précigny. D'un autre côté, Nicolas savait de science certaine qu'à la fabrique on s'occupait beaucoup du jeune comte ; plusieurs fois on avait interrogé les gens du village sur les habitudes d'Alfred; plusieurs fois on avait demandé s'il *boudait* toujours : on s'informait de ses démarches les plus indifférentes, et la curiosité campagnarde ne semblait pas avoir été le seul motif de ces petites enquêtes. Bref de tout ceci, Nicolas concluait que si quelqu'un au monde pouvait obtenir du manufacturier des concessions importantes en faveur de ses malheureux compatriotes, c'était certainement Alfred de Précigny.

Celui-ci ignorait la plupart de ces détails, aussi voyait-il les choses sous un point de vue différent. Tout en marchant pour se rendre à la fabrique, il se rappelait avec quelle hauteur il avait reçu jadis l'ancien homme d'affaires de son père ; il songeait que nécessairement un parvenu avait dû lui garder rancune de l'impolitesse qu'il avait commise en ne rendant pas la visite; d'ailleurs, il ne l'ignorait pas, ce que la plupart des hommes pardonnent le moins ce sont des services rendus. Il n'espérait donc rien à l'amiable du riche fabricant, et il se préparait à la lutte avec courage. Encore sous l'impression de la scène désolante du cimetière, fier de la confiance dont il était investi par une population entière menacée de mort, il pressait le pas de son compagnon et semblait impatient de se trouver en présence de l'auteur de tant de maux.

Nicolas se garda bien de diminuer cette ardeur; loin de là, pendant le chemin, il se plut à entretenir le jeune comte des anciens seigneurs de Précigny au sujet desquels il savait une foule d'anecdotes particulièrement intéressantes pour leur descendant. Il prenait texte de tout pour citer quelque action louable, quelque trait généreux d'un Précigny. Ici, l'aïeul d'Alfred avait fait relever une pauvre chaumière qui tombait en ruines ; là, son bisaïeul avait tué d'un coup de fusil un taureau furieux prêt à éventrer un pâtre. Un peu plus loin, on s'arrêtait devant le petit champ où son père avait fait les premières expériences de la culture de la pomme de terre, afin de doter la province de ce précieux tubercule. Ces souvenirs si honorables augmentaient l'enthousiasme de l'impétueux jeune homme ; il brûlait à son tour de tenter quelque chose en faveur de ces bonnes gens dont ses pères avaient été si longtemps la Providence visible ; il roulait déjà dans sa tête des projets inexécutables peut-être, mais à coup sûr pleins de générosité et de dévouement.

Les promeneurs avaient pris un chemin en assez mauvais état qui suivait les sinuosités vaseuses de l'étang ; bientôt ils atteignirent l'immense et solide chaussée, barrière puissante de cette masse d'eau. A l'extrémité s'élevait la magnifique usine de M. Laurent.

Elle formait un vaste carré dont le fond était occupé par de beaux jardins remplis d'arbres verts. Les quatre principaux corps de logis, comme nous l'avons dit, avaient été construits à diverses époques, mais il régnait entre eux une telle symétrie, qu'évidemment en faisant construire le premier, M. Laurent avait déjà dressé le plan de l'édifice entier. Chaque côté du quadrilatère présentait à l'œil une longue ligne de cintres et de fenêtres de briques dont la couleur rouge vif tranchait sur la blancheur des murs. En approchant, les promeneurs, dont l'oreille était habituée au morne silence de la campagne, entendirent un bruit confus qui grandissait de minute en minute ; quand ils furent arrivés devant la porte principale de l'usine, ils s'arrêtèrent spontanément.

Leurs regards plongeaient dans une immense cour autour de laquelle s'élevaient les bâtiments de la fabrique. Sur la gauche, l'eau de l'étang s'échappant d'une écluse, tombait avec fracas sur la gigantesque roue qui mettait en mouvement les machines et les métiers ; cette eau, après avoir rempli divers réservoirs destinés au lavage des laines, fécondait les jardins de la fabrique et se perdait dans les bruyères à quelque distance. Un monde d'ouvriers, hommes, femmes et enfants, allaient et venaient autour des bassins ; sous des hangars on voyait des ballots empilés, des chariots chargés et prêts à partir. Le bruit que les visiteurs avaient entendu à distance était devenu assourdissant, il se composait de mille bruits divers et souvent bizarres ; c'étaient d'abord le mugissement de la chute d'eau, puis le grincement de la pesante roue sur son pivot d'acier, puis le cliquetis des machines dans les ateliers du premier étage. Au rez-de-chaussée, où se trouvaient des métiers de tisserands, on entendait le frôlement des navettes et les coups secs des pédales. Au milieu de tout cela, cent voix aux timbres variés causaient, s'appelaient, transmettaient des commandements. On eût dit d'un monde à part où, sous l'apparence du désordre, se cachait l'harmonie la plus parfaite, l'ensemble le plus merveilleux.

Cette activité, ce bruit industriel, contrastant avec le calme de la nature extérieure, avec ce lac noir et immobile, avec ces brandes vaporeuses, avec cette campagne solitaire, frappaient vivement l'imagination d'Alfred de Précigny. Plusieurs fois il avait passé devant la fabrique pour aller à la chasse; mais, dans la crainte qu'on ne lui attribuât le désir de se lier avec le maître de ce bel établissement, il avait toujours détourné la tête et s'était éloigné en sifflant entre ses dents. Ce spectacle était donc nouveau pour lui; un étonnement mêlé d'admiration se peignit sur son visage.

Le vieux Nicolas, qui l'observait, attribua cette impression à une autre cause.

— Vous êtes surpris, Monsieur, lui dit-il,

de ne pas voir les habitants de la fabrique aussi faibles, aussi malades que nous ! Que voulez-vous, c'est à n'y rien comprendre ! beaucoup sont atteints, mais ils résistent. Sans doute ils s'exposent moins que nous autres aux influences malfaisantes du grand air... A l'exception de la fille unique de M. Laurent, personne ici ne semble sérieusement attaqué de la terrible fièvre ; mais cette préférence même de la maladie, n'est-elle pas une preuve que la Providence veille pour nous, que le châtiment de notre ennemi est déjà prêt !

Alfred n'avait pas entendu ces paroles ; en proie à une distraction singulière, il dit à demi-voix comme à lui-même :

— Je n'avais aucune idée d'une semblable merveille ! En vérité, l'homme qui a créé cet immense établissement, l'homme dont la volonté dirige tous ces bras intelligents, toutes ces superbes machines, doit souvent s'admirer dans son œuvre! L'industrie peut-elle donc avoir sa poésie et sa grandeur? Tout ici est beau et imposant; tout respire l'abondance, le bien-être et la paix!

— Oui, et là-bas on souffre et on meurt! dit le vieillard avec une ironie mélancolique en étendant sa main vers le village.

Le comte se redressa vivement.

— Croyez-vous qu'il soit déjà nécessaire de me le rappeler? répliqua-t-il avec un accent de reproche; entrons, Nicolas; vous allez voir si l'étalage de cette puissance me fait oublier mes promesses aux faibles et aux opprimés.

En même temps, il franchit la porte d'entrée d'un pas si rapide, que le vieillard avait peine à le suivre.

Laurent avait réservé pour son logement et pour ses bureaux un pavillon situé à l'angle de la cour, on y arrivait par un perron de quelques marches, protégé contre le soleil et la pluie par un auvent élégamment peint; sur les marches de ce perron s'étageaient des vases en fonte garnis de fleurs.

Au moment où le comte et Nicolas atteignirent le pavillon, un petit cri de surprise, un cri de femme retentit au-dessus de leur tête. Alfred ne l'entendit pas au milieu du bruit, mais Nicolas, levant les yeux, aperçut quelqu'un qui se retirait précipitamment d'une fenêtre.

Le vieillard sourit avec satisfaction :

— Elle nous a vus! murmura-t-il; elle est là... courage!

Et il rejoignit le jeune comte qui gravissait résolûment les marches du perron.

V

La cour était remplie de travailleurs et de travailleuses ; cependant aucun n'avait paru remarquer l'arrivée des étrangers, aucun ne s'était présenté pour les introduire auprès du chef de l'établissement. Ils pénétrèrent donc seuls dans une espèce de bureau, partagé par des grillages, en compartiments inégaux, dont le principal était soigneusement entouré d'un rideau vert.

D'abord, ils ne virent personne dans ce sanctuaire administratif où se pesaient les destinées de tant d'ouvriers. Cependant, au bruit de leurs pas, une figure refrognée, quoique jeune encore, surmontée d'une chevelure rouge et embellie de lunettes d'or, se montra à un guichet du grillage, semblable à ceux des bureaux de caisses; une voix aigre cria avec un accent anglais fortement prononcé :

— Tout à l'heure.

Puis la tête disparut et le plus profond silence régna dans la salle.

Le comte, étranger aux formes âpres en

usage encore aujourd'hui dans certaines administrations, fronça légèrement le sourcil. Nicolas lui dit à voix basse :

— C'est M. Smithson, le contre-maître anglais... Les habitants de Précigny n'ont pas de plus mortel ennemi !

Ce renseignement n'était pas de nature à diminuer l'impatience du bouillant jeune homme. Il s'approcha du grillage ; Smithson, penché sur un énorme registre ouvert, ne faisait aucune attention aux nouveaux venus. Alfred attendit quelques secondes ; puis, n'y tenant plus :

— Monsieur, dit-il d'une voix déjà un peu émue par la colère, je désirerais...

— Tout à l'heure, répéta Smithson avec son phlegme britannique.

Cette fois Alfred perdit patience.

— Mais, monsieur, ce n'est pas à vous que j'ai affaire... c'est à M. Laurent, à lui seul, et si vous êtes à son service, veuillez le faire prévenir sur-le-champ.

L'Anglais leva lentement la tête; après avoir envisagé son interlocuteur, il se décida enfin à mettre de côté l'énorme registre qu'il était en train de compulser.

— Eh bien! voyons, de quoi s'agit-il! dit-il avec raideur sans bouger de son fauteuil de cuir; vous pouvez traiter avec moi, monsieur... Quoique je ne sois pas *en nom* dans la *raison sociale*, j'ai qualité pour conclure les marchés et j'ai la signature de la maison Laurent.

— Il ne s'agit pas de transaction commerciale, monsieur; l'affaire qui m'amène ici est toute personnelle à M. Laurent. Je vous prie donc de lui annoncer que les délégués du village de Précigny désirent avoir avec lui un instant d'entretien.

Smithson se pencha en arrière, et lança un regard dédaigneux à Alfred par-dessous ses lunettes d'or.

— Vous ne venez donc pas pour une commande? dit-il avec insolence; j'aurais dû m'apercevoir en effet que vous n'étiez pas de nos commettants ordinaires... Eh bien! mes braves gens, on ne voit pas M. Laurent comme cela. M. Laurent est un homme occupé, dont le temps est précieux; il a autre chose à faire qu'à écouter d'inutiles jérémiades.

— Il paraît que nos motifs de plainte ne sont pas entièrement inconnus ici! dit le jeune homme avec amertume; mais finis-

sons, monsieur, continua-t-il d'un ton fier :
si M. Laurent est aujourd'hui trop grand
seigneur pour recevoir les envoyés des pauvres paysans qu'il opprime et qu'il tue, il
recevra, je l'espère, le comte Alfred de Précigny, le fils de son ancien maître.

Ces paroles, dites avec beaucoup de noblesse, surtout le nom d'Alfred de Précigny,
produisirent une vive impression sur le
contre-maître. Il fit un geste de surprise et
laissa échapper une exclamation en anglais.

Au même instant on entendit dans le cabinet, si soigneusement fermé avec des rideaux de serge verte, un bruit sourd semblable à celui de plusieurs registres que l'on
renverse et une voix grave s'écria avec précipitation :

— Le comte Alfred chez moi ?... Me voici, me voici.

Une petite porte, pratiquée dans la claire-voie, s'ouvrit alors, et M. Laurent, qui avait entendu la conversation précédente, sortit du cabinet.

Le manufacturier avait cinquante-cinq ou soixante ans; mais il conservait cette verdeur, résultat ordinaire d'une constante activité. Il était grand, sec, toute sa personne avait quelque chose de froid et de compassé. Son visage, sans être dur, était sévère; ses cheveux gris, un peu rares sur le crâne, laissaient découvert un front large, sillonné de rides profondes. Ses manières étaient graves; l'habitude de commander lui avait donné un ton bref dont il ne pouvait toujours se défaire quand les circonstances l'exigeaient.

Son costume n'avait rien de remarquable; une grande redingote, boutonnée de travers, l'enveloppait tout entier. M. Laurent possédait une sorte de majesté bureaucratique qui ne devait pas produire peu d'effet sur ses inférieurs, et qui imposait même à ses égaux. Surpris au milieu de ses travaux journaliers, il avait passé sa plume derrière son oreille, suivant une habitude des commis d'ancien régime; cet ornement bizarre ajoutait encore un caractère de raideur à sa physionomie.

— C'est en effet M. de Précigny, dit-il en s'inclinant d'un air cérémonieux devant le jeune gentilhomme. Comment, Smithson, n'avez-vous pas reconnu monsieur le comte, qui passe si souvent devant la maison pour aller chasser dans la brande?... Je suis à vos ordres, monsieur de Précigny, entrez dans mon cabinet... entrez aussi, maître Nicolas. Je ne peux refuser de vous entendre.

Quoique cet accueil fût très-réservé, il dut paraître d'une bienveillance extraordinaire à ceux qui connaissaient les habitudes passablement cavalières du manufacturier, car Smithson ouvrait de grands yeux effarés, et le vieux Nicolas, après s'être assis dans un fauteuil de cuir, se demandait à part lui où M. Laurent avait pris tant de mansuétude et de loquacité. Le comte moins au fait du caractère du fabricant, ne partageait pas cet enthousiasme. Cependant il dit d'un ton poli :

— J'ai des excuses à vous adresser, monsieur, pour ma mauvaise humeur de tout à l'heure... les difficultés que j'éprouvais pour parvenir jusqu'à vous...

— Assez sur ce sujet, je vous prie, interrompit Laurent avec un faible froncement de lèvres qui pouvait passer pour un sourire; je suis habitué à tenir plutôt compte des actes que des paroles... Parlons donc du sujet de votre visite, car si je ne me trompe, le comte de Précigny n'est pas venu chez moi dans un simple but de politesse!

Pour la première fois Alfred comprit les difficultés de la mission qu'il avait acceptée spontanément et sans réflexion. Convaincu de la justice de sa cause, il n'avait pas songé à la nature des sacrifices qu'il pouvait demander au manufacturier. Aussi en se trouvant tout à coup devant cet homme froid, rigoureux comme un chiffre, impitoyable comme la logique, en voyant cet œil ferme, inquisiteur, fixé sur lui, éprouvait-il quelque embarras à commencer la discussion. Les idées lui venaient en foule; mais il sentait qu'avec un pareil adversaire, il devait faire un choix rigoureux de ses expressions. Pendant qu'il hésitait, Nicolas prit la parole :

— Excusez-moi, monsieur Laurent, dit-il d'un ton timide, si j'ose prendre la parole avant mon jeune maître, mais la douleur l'emporte sur le respect... vous avez déjà bien des fois reçu nos plaintes, et vous n'y avez jamais fait droit. Cette fois, nos maux sont devenus intolérables... la fièvre a redoublé de violence à Précigny, vous ne l'ignorez pas... Plusieurs personnes sont mortes la semaine dernière; trois ont encore été enterrées ce matin, et parmi elles, ajouta le vieillard dont la voix s'altéra, se trouve un pauvre enfant qui m'était bien cher...

Nous n'avons plus le courage de souffrir; aussi les pauvre shabitants du village nous ont-ils envoyés vers vous, monsieur de Précigny et moi, un jeune seigneur et un pauvre paysan, pour implorer votre pitié! Repousserez-vous monsieur de Précigny comme vous nous avez repoussés si souvent?

Pas une fibre du visage du manufacturier ne bougea; son œil sévère avait quitté le jeune comte pour se fixer sur l'autre interlocuteur. Il répondit tranquillemeut :

— Vous ne m'apprenez rien de nouveau, mon brave homme; la fièvre a causé, en effet, cette année-ci plus de ravages que les années précédentes; ne suis-je pas maire de la commune? ne suis-je pas chargé d'enregistrer les décès?... Heureusement l'hiver approche; bientôt l'épidémie perdra beaucoup de sa violence, si elle ne disparaît complétement jusqu'au printemps prochain.

Cette réponse rendit à Alfred toute son énergie.

— Et voilà quelles consolations vous donnez à une population malheureuse, menacée d'une destruction prochaine? s'écria-t-il impétueusement; monsieur le fabricant, oubliez-vous donc que cette horrible maladie est causée par les émanations malfaisantes de votre étang? Ignorez-vous qu'il dépend de vous seul de la faire cesser?.....

Mais, je m'emporte et je veux être calme, reprit-il d'un ton plus doux : je m'irrite quand je devrais prier... Monsieur Laurent, au milieu de votre éclatante prospérité, la plainte du pauvre parvient jusqu'à vous; gardez-vous de lui fermer votre oreille et votre cœur... Vous êtes maire de cette commune, vous êtes en même temps le personnage le plus riche et le plus influent du pays; Dieu vous a donné cette richesse et cette influence, comme autrefois à mes pères, pour faire le bien, soutenir le faible, secourir le malheureux; toute question d'intérêt personnel doit passer après cette grande question d'humanité... C'est ainsi du moins, monsieur, que nous entendions nos devoirs sous l'ancien régime; vous en souvenez-vous?

Laurent l'examinait toujours sans s'émouvoir.

— Le vieux sang des Précigny ne s'est pas refroidi dans vos veines, monsieur le comte, reprit-il enfin avec ce léger froncement de lèvres qui lui tenait lieu de sourire;

mais parlons sérieusement... Vous m'accusez de dureté, d'inhumanité envers les pauvres habitants du village; vous allez donc m'indiquer, je pense, un moyen de faire cesser les maux dont ils se plaignent!

— Il en est un fort simple, répliqua Alfred avec la candeur d'un honnête homme, c'est de rendre aux eaux stagnantes leur cours naturel, de dessécher ce fatal étang.

Le manufacturier se tut un moment comme s'il n'eût pu croire à la réalité d'une semblable proposition. Enfin il s'approcha d'une fenêtre qui donnait sur la cour, et l'ouvrant brusquement, il montra au comte les travailleurs qui s'agitaient autour des bassins, ou qui remplissaient leurs tâches dans les ateliers.

— Regardez, dit-il d'un ton grave, ces gens ne méritent-ils pas aussi quelque intérêt? Il y a là deux cents ouvriers, et souvent davantage, qui font vivre leurs familles du prix de leur travail... Deux cents familles tomberaient donc dans la misère ou mourraient de faim si cet établissement n'existait plus?

— Ces ouvriers trouveraient ailleurs du travail et du pain... Mais voyons, monsieur, je suis fort peu expert en pareille matière.... Cependant j'ai entendu dire que dans beaucoup d'usines on commençait à substituer la vapeur, comme force motrice, aux chutes d'eau...

— Voici enfin une proposition qui a quelque chose de raisonnable, dit le manufacturier; eh bien! approchez, Smithson, continua-t-il en s'adressant au contre-maître anglais qui était resté dans son bureau, indifférent en apparence, mais très-attentif en réalité, à tout ce qui se passait; ceci vous regarde... Vous avez étudié dans votre pays l'application de la vapeur à l'industrie, et, sur ma demande, vous avez fait des calculs que j'ai vérifiés moi-même; donnez-nous le résultat de vos recherches sur cette question.

L'Anglais s'avança d'un air compassé :

— Monsieur, répliqua-t-il avec son accent britannique fortement accusé, ces résultats ne sont guère encourageants, vous le savez bien... Nos produits manufacturés au moyen de la vapeur, nous reviendraient, déduction faite du prix des machines et du combustible, à trente-sept pour cent plus cher que par les procédés actuels de fabrication. En déduisant encore de ces trente-sept pour cent une économie de main-d'œuvre de sept pour cent, on trouve trente pour cent à ajouter au coût actuel de la production brute...

— Je n'entends rien aux chiffres, et surtout à ceux groupés par monsieur Smithson! interrompit Alfred avec un peu de hauteur; mais certainement il doit exister d'autres forces que l'eau pour mettre en mouvement les machines d'une filature; des chevaux, par exemple...

— Vous permettrez encore à Smithson de vous répondre, monsieur le comte, dit le manufacturier; nous autres Français, nous devons toujours consulter nos voisins d'outre-Manche dans les questions de cette nature ; ils sont nos maîtres en industrie, et M. Smithson est le plus habile mathématicien que je connaisse... Eh bien ! Smithson, que pensez-vous des chevaux employés comme force motrice?

— Allons donc ! répliqua le contre-maître d'un air railleur ; il nous faudrait soixante chevaux travaillant quatorze heures par jour. Une pareille dépense, au lieu de trente-sept pour cent comme la vapeur, augmenterait notre prix de revient de quarante-cinq... A ce taux, nous ne pourrions soutenir la concurrence contre aucune fabrique de France ; nos gros draps coûteraient plus cher que les beaux produits extra de Louviers ou d'Elbeuf.

Alfred et Nicolas se regardaient avec embarras, ne sachant que répondre à ces arguments de comptoir assez peu intelligibles pour eux. Laurent restait toujours impassible ; mais l'air suffisant du positif et orgueilleux Anglais avait blessé vivement Précigny.

— Monsieur, dit-il vivement, en se tournant vers le manufacturier, je n'ai pas la prétention de lutter d'arithmétique industrielle avec votre commis, et j'ai eu tort d'accepter la discussion sur un terrain où je devais inévitablement être battu... Jusqu'ici, nous n'avons pu nous entendre, parce que vous voulez voir une spéculation commerciale où je ne vois qu'une question d'humanité. Peut-être les conditions d'existence de votre établissement sont-elles ce que dit cet habile calculateur ; je l'ignore. Mais eût-il dit vrai, vous ne devriez pas hésiter à sacrifier cet établissement même aux devoirs les plus sacrés. Vous êtes riche, je le sais; en vous retirant aujourd'hui des affaires, vous pourriez encore vivre dans l'opulence... Votre objection, au sujet des ouvriers établis ici, n'est pas sérieuse; ils trouveront aisément de l'ouvrage dans une autre manufacture qui ne présentera pas les inconvénients de celle-ci. Le désir de poursuivre vos succès commerciaux, de vous enrichir encore, d'entasser somme sur somme, peut donc seul vous inspirer la cruelle pensée de conserver la fabrique dans ses conditions actuelles d'existence. Monsieur, je m'adresse à votre cœur! Il n'a jamais passé pour mauvais, quoique l'habitude des affaires ait pu l'endurcir. Je représente une population malheureuse dont tout l'espoir repose sur votre générosité; sa demande a été repoussée par les pouvoirs officiels; avant de la renouveler, elle vous supplie, par ma voix, de lui permettre de vivre... Ce sont les larmes des mères, les supplications des frères et des sœurs, les plaintes touchantes des vieillards que nous venons vous apporter ici !

Ces paroles, prononcées avec un accent de l'âme, semblaient devoir impressionner l'homme le plus froid; cependant le manufacturier ne donna aucun signe d'émotion. Nicolas, attendri, serra furtivement la main du chaleureux jeune homme.

— Bien ! bien ! monsieur le comte, murmura-t-il; les pauvres vous remercieront !

Un soupir se fit entendre de l'autre côté du grillage qui fermait l'enceinte du cabinet; une personne venait d'entrer d'un pas furtif dans le bureau, mais elle restait cachée derrière le rideau de serge verte; rien, jusque-là, n'avait trahi sa présence.

VI

— Monsieur le comte, reprit enfin le manufacturier d'un ton sec, j'apprécie, comme je le dois, les motifs généreux de votre intervention dans cette affaire; mais, vous l'avouerez, vous êtes venu m'adresser une proposition fort étrange. Parce que des individus de mauvaise constitution meurent de la fièvre dans un village voisin, vous me demandez la destruction du plus bel établissement industriel du pays; vous demandez ma ruine, celle de mes commettants, celle de mes ouvriers....

Smithson se frottait les mains en riant de ce rire lourd et insolent, particulier à la nation britannique. Cependant il se taisait; Alfred se contenta de lui jeter un regard de colère.

— Vous ne serez donc pas surpris, continua le manufacturier, si je ne change rien à l'état des choses, et si j'exerce paisiblement comme par le passé, mon utile industrie. Les habitants de Précigny ont adressé une pétition au pouvoir législatif pour obtenir la suppression de mon usine; cette demande ayant été repoussée, rien ne peut entraver désormais la liberté de ma fabrication.

— Prenez garde, monsieur, s'écria le comte; il s'élèvera peut-être, en dehors de la légalité, une puissance avec laquelle il vous faudra aussi compter... Le droit de vivre est un droit sacré : l'homme est bien fort quand il a sa vie à défendre... Prenez garde, je vous en conjure ! ce bon vieillard (et il désignait Nicolas) vous le dira comme moi; les patiences sont à bout là-bas, à Précigny; et mort pour mort, on pourrait choisir celle qui sera suivie de vengeance..... Quant à moi, monsieur, je ne vous le cacherai pas je me suis engagé à défendre ces malheureux jusqu'à la dernière extrémité... Je suis sans crédit, il est vrai; mais une volonté ferme, une conscience pure, me soutiendront dans cette lutte inégale : fortune, repos, avenir, je sacrifierai tout pour obtenir la réparation d'une monstrueuse iniquité !

Le manufacturier pinça ses lèvres :

— On est ardent et opiniâtre dans votre famille, dit-il sèchement, et je sais ce que doit me faire présager cet aveu... Eh bien, j'attendrai l'exécution de vos menaces !

Il se leva comme pour rompre l'entretien. Alfred l'imita. Nicolas, qui avait compté sur une conclusion différente, manifesta un douloureux étonnement.

— Quoi donc, M. Laurent, s'écria-t-il avec un accent de reproche, est-ce là tout ce que vous avez à dire au fils et à l'héritier de votre premier bienfaiteur ? Était-ce pour cela que vous vous informiez si fréquemment de M. le comte Alfred auprès de moi, auprès des gens du village? Je pensais qu'à la première occasion, une réconciliation....

— Une réconciliation n'est possible qu'entre ennemis, interrompit Laurent avec un léger embarras, et jusqu'ici, du moins, M. de Précigny et moi nous n'avons pas été ennemis.

— Pourquoi alors voulez-vous le devenir?... Vous ne pouvez vous séparer ainsi... Vous, M. le comte, ajouta Nicolas en se tournant vers Alfred, vous avez eu tort d'adresser des menaces à M. Laurent; il aime à les braver, elles l'endurcissent encore davantage... Il valait mieux vous adresser à son cœur, comme vous avez fait d'abord, lui parler de nous, de nos souffrances. Il fallait surtout lui parler de sa fille, de cette bonne mademoiselle Thérèse; elle souffre de la même maladie que nous, elle en mourra comme nous, si son père s'obstine à habiter ce lieu malsain et empesté.

Cette fois, le manufacturier parut vraiment ému.

— C'est une calomnie! dit-il d'une voix tremblante, ma fille n'est pas attaquée de cette fièvre épidémique; son médecin, ses amis, tous ceux qui l'approchent peuvent le certifier... elle souffre d'un mal héréditaire dans la famille de sa mère... Oui! c'est une calomnie des paysans du voisinage! on veut me faire passer pour un père avare, dénaturé; on veut peut-être m'effrayer moi-même et exploiter mon affection bien connue pour ma fille unique... mais je saurai me mettre au-dessus de ces ridicules allégations!

Tout le monde se tut. Un nuage s'était assemblé sur le front si impassible d'ordinaire de M. Laurent; Alfred voyait clairement l'impossibilité d'une solution pacifique, et Nicolas lui-même désespérait d'adoucir l'inexorable fabricant.

— Allons, reprit le comte avec dignité, il est inutile de prolonger cet entretien... Monsieur Laurent est décidé à se tenir dans les limites de son droit rigoureux. Laissons à sa conscience la responsabilité de ce qui pourra arriver dans l'avenir.

Le manufacturier restait immobile et pensif.

— Si encore on m'avait présenté une proposition raisonnable, dit-il avec réflexion; mais demander ma ruine! l'anéantissement de ce magnifique établissement qui a été l'œuvre de ma vie! C'est une chose impossible, c'est une folie!...

Et il salua les étrangers.

Depuis un instant, Smithson allait et venait autour des interlocuteurs, se frottant les mains, ricanant tout bas avec insolence. En voyant Alfred et son vieux compagnon près de se retirer, il crut pouvoir se donner carrière.

— Eh bien! donc, monsieur Laurent, dit-il dans son jargon ordinaire, en goguenardant, l'opération que vous proposent les délégués de Précigny n'est donc pas décidément de votre goût? Voyons, réfléchissez bien... Appellerai-je les ouvriers pour démolir notre belle chaussée? Je peux moi-même aller mettre le feu aux quatre coins de la fabrique; ce sera fait en un tour de main...Eh! eh! eh! la gentille spéculation!

Le manufacturier réprima, par un regard distrait, cette joyeuse humeur. Alfred répliqua avec l'accent d'un profond mépris :

—Il vous appartient mieux, monsieur l'Anglais, de spéculer sur le sang et la sueur du pauvre, que de comprendre une haute question de religion et d'humanité !... Mais notre demande vous semble donc bien plaisante?

— Plaisante?... oui... plaisante *beaucoup fort!* répliqua Smithson en riant toujours, pendant que le manufacturier était plongé dans sa rêverie. Détruire la fabrique! parce que deux ou trois coquins de paysans ont la fièvre!... Ah! ah! ah! je trouve joli... je trouve amusant... je...

Une main brûlante s'abattit bruyamment

sur sa joue ; le bouillant gentilhomme n'avait pu supporter plus longtemps ces grossières bravades. L'Anglais avait reçu un soufflet.

Il y eut un moment de stupeur; l'offenseur lui-même paraissait étonné de son action, comme si elle eût été involontaire. Smithson devint livide; ses lunettes d'or avaient sauté en éclats, ses yeux flamboyaient. Il était maigre, mais souple et nerveux ; il poussa une espèce de rugissement et se replia sur lui-même, comme le tigre prêt à fondre sur sa proie. Laurent se précipita au-devant de lui :

— Smithson, s'écria-t-il, soyez calme... N'allez pas mettre tout en rumeur dans la fabrique; il est inutile d'appeler du monde, de causer du scandale !

Le contre-maître continuait à pousser des sons inarticulés, en cherchant à se dégager des mains de Laurent et des mains encore robustes de Nicolas.

Cependant Précigny disait avec calme :

— Laissez-le aller ; je vous prie de le laisser libre... quoique je n'aie jamais appris l'art ignoble de boxer, je ne crains pas ses attaques.

Smithson, voyant l'impossibilité de vaincre la résistance de ses deux adversaires, cessa des efforts inutiles ; il était hors de lui, il écumait :

—Un soufflet à moi ! s'écriait-il en accompagnant ses paroles de blasphèmes anglais et français ; à moi, un sujet du roi George, un Anglais, un gentleman... et je ne me vengerai pas, goddam !... Mille diables d'enfer ! je tuerai ce cockney, ce noble mendiant français... Je le tuerai aussi sûrement...

— Allons ! calmez-vous, Smithson, reprit Laurent avec force ; voyez... nos ouvriers qui ont entendu du bruit de ce côté et se mettent déjà aux fenêtres !

— Alors je trouverai des amis pour soutenir la cause de la vieille Angleterre ! s'écria Smithson en s'élançant à son tour vers la fenêtre restée entr'ouverte ; holà ! mes braves garçons, mes bons fileurs anglais, cria-t-il d'une voix puissante en se servant de sa langue nationale, à moi !... à mon secours !... que les vrais enfants de John Bull viennent me donner un coup de main ! à moi, les vaillants drôles de Birmingham et de Manchester !

Des clameurs confuses répondirent de toutes les parties de la fabrique à ce bruyant appel. Au même instant, des pas précipités retentirent sur le pavé de la cour; le manufacturier se montra très-effrayé.

— Monsieur le comte, dit-il rapidement, votre sûreté exige que vous vous cachiez un instant... ces Anglais ne sont pas maniables; ils se font craindre même des autres ouvriers de la fabrique. M. Smithson seul a des rapports directs avec eux; son autorité dans les circonstances présentes, pourrait l'emporter sur la mienne propre. Je vous prie avec instance de vous retirer, pendant que je vais essayer de les apaiser, si vous voulez éviter quelque scène fâcheuse.

— Je ne fuirai pas... Pourquoi fuirais-je ! dit Alfred avec assurance.

Les vociférations se rapprochaient.

— Par ici! criait Smithson toujours à la fenêtre; à moi, les dignes amis de la joyeuse Angleterre!

— Monsieur, dit le manufacturier de plus en plus agité, je ne réponds pas des malheurs...

— Je ne me cacherai pas devant ces coquins d'étrangers, dussent-ils m'assassiner!

— Qui donc, alors, prendrait la défense des pauvres habitants de Précigny? dit Nicolas avec véhémence; ne vous obstinez pas, monsieur, dans un absurde point d'honneur... mais par où devons-nous nous retirer?

— Par ici! murmura une voix douce et effrayée.

Ils se retournèrent; une jeune fille vêtue

de blanc, la tête nue, le visage d'une pâleur mortelle, était debout derrière eux.

— Mademoiselle Thérèse! s'écria le vieillard avec bonheur; c'est un ange que le ciel nous envoie!

M. Laurent fit un signe à la jeune fille; elle s'avança précipitamment vers les étrangers, et les entraîna avant qu'ils eussent songé à résister.

Tous les trois après avoir traversé le bureau, franchirent une porte qui conduisait dans l'intérieur du pavillon et qui se referma sur eux. Aussitôt des trépignements retentirent dans le bureau même; M. Laurent et Smithson cherchaient, dans des buts différents, à dominer le tumulte.

Le comte Alfred et Nicolas, conduits par la fille du manufacturier, parcoururent, sans s'arrêter, un petit corridor obscur à l'extrémité duquel se trouvait un escalier. Là, mademoiselle Laurent lâcha leurs mains qu'elle avait retenues jusqu'à ce moment dans les siennes et elle se mit à gravir les marches en silence. Les deux hommes la suivirent, et bientôt elle les introduisit dans une espèce de petit salon particulièrement affecté à son usage.

Cette pièce, sans être meublée avec luxe, avait un air de bon goût et de fraîcheur peu ordinaire dans les campagnes écartées. Un épais tapis couvrait le parquet de briques, un piano, meuble assez rare alors, était ouvert dans un coin. Auprès de la cheminée, devant un fauteuil de damas, une petite table à ouvrage était couverte de livres, de broderies commencées. Des rideaux de mousseline blanche, donnaient à ce joli réduit quelque chose de virginal. Une des fenêtres était ouverte; le vieux campagnard la reconnut pour celle d'où était parti un petit cri féminin au moment où lui et son compagnon avaient pénétré dans la cour de l'usine.

Nicolas promenait autour de lui des regards d'admiration; mais cette élégance bien entendue occupait moins Alfred que l'habitante elle-même de ce petit salon. Le comte n'avait fait que l'entrevoir jusqu'à ce moment; pendant qu'elle s'empressait d'offrir timidement des siéges, il l'examina avec attention.

Mademoiselle Laurent était mince et élancée; la finesse de sa taille souple ressortait encore davantage sous la blancheur de sa robe d'organdi. Ses cheveux blond cendré formaient, suivant une mode du temps, une infinité de boucles autour de son visage de l'ovale le plus parfait. Ses yeux bleus, pleins de douceur langoureuse, son nez mince et droit, ses petites narines roses, sa bouche mignonne composaient un ensemble d'un charme infini. Mais ce qui frappait le plus Alfred de Précigny, c'était la pâleur de la jeune fille. Bien qu'elle parût remise de sa frayeur, son visage était toujours d'une blancheur de cire ; le sang ne semblait pas circuler sous cette peau délicate et transparente. Le comte se souvenait aussi que, dans le court moment où la main de sa libératrice avait touché la sienne, cette main, quoique moite, était glacée. La rumeur publique désignait mademoiselle Laurent comme attaquée de cette affreuse fièvre qui décimait la population voisine; à la voir elle-même, ce bruit ne semblait pas dénué de fondement.

Quoi qu'il en fût, il était impossible de trouver plus de grâce naïve, de bonté mélancolique, de touchante douceur dans une femme que dans la fille du manufacturier. Elle avait un air de souffrance résignée, de candide abandon qui eût inspiré du respect à son plus mortel ennemi, si cette créature angélique avait pu avoir un ennemi. Sa beauté était merveilleuse; mais cette beauté ne parlait pas aux sens, elle parlait à l'âme. Thérèse semblait ne pas appartenir à la terre, tout en elle était chaste, pur, éthéré; une pareille femme ne pouvait inspirer qu'un amour noble, poétique, comme elle-même.

VII

Le comte Alfred éprouvait une surprise, une admiration qu'il ne songeait pas à cacher. Thérèse ferma la fenêtre afin qu'on ne pût apercevoir ses hôtes du dehors; quand elle se retourna, elle vit les yeux du jeune homme obstinément fixés sur elle.

Une nuance rose presque imperceptible colora le velouté de ses joues.

— Un peu de patience, messieurs, dit-elle avec une grâce timide; vous êtes ici en sûreté : ces furieux n'oseront venir vous chercher jusque chez moi, et votre captivité, je l'espère, ne sera pas de longue durée.

Alfred fit un effort pour répondre : Laurent, Smithson, et les pauvres malades de Précigny, et cette canaille insolente qui hurlait dans la cour, il avait tout oublié.

— Mademoiselle, répliqua-t-il avec embarras, cette captivité ne peut être pénible que pour vous... Quant à moi...

Il n'acheva pas sa pensée, et il reprit après une pause :

— Nous vous devons une vive reconnaissance pour votre obligeante intervention...

Je ne puis croire encore que ces hommes se fussent portés à de fâcheuses extrémités envers nous ; cependant...

— Cependant, monsieur le comte, reprit la jeune fille avec un ton de reproche, il eût été plus sage peut-être de ne pas jouer un pareil jeu ; il eût été prudent surtout de ne pas compromettre une cause noble et généreuse dans son principe, par un emportement indigne de votre caractère.

— Une cause noble et généreuse ! répéta Alfred avec étonnement ; mademoiselle, vous savez donc...

— J'étais descendue au bureau pour chercher mon père, répliqua Thérèse en abaissant ses paupières aux longs cils sur ses yeux humides ; j'ai entendu, presque malgré moi d'abord, votre discussion ; puis j'ai fini par écouter avec intérêt, car vous disiez à mon père des choses que je lui avais déjà dites moi-même... avec moins d'éloquence.

— Quoi! mademoiselle, serait-il vrai? auriez-vous aussi parlé pour ces malheureux? Si M. Laurent a résisté à vos prières, comment aurait-il pu céder aux miennes?

— Je vous avais prévenu, monsieur le comte, dit le vieux Nicolas avec reconnaissance, mademoiselle Thérèse est pour nous, et nous le savons bien... aussi nous la vénérons comme une sainte! Ensuite, voyez-vous, comment n'aurait-elle pas pitié de nos souffrances, puisqu'elle-même...

Il s'arrêta tout à coup :

— Puisque moi-même je suis destinée à mourir bientôt, n'est-ce pas cela, Nicolas? continua la jeune fille; il est vrai, mon jour est marqué ; mais quand Dieu voudra m'appeler à lui, je suis prête !

Un sourire d'angélique résignation effleura ses lèvres pâles.

Comme les clameurs redoublaient dans la cour, elle alla soulever le rideau de la fenêtre.

— Je crois que mon père aura bien de la peine à calmer ces Anglais turbulents et intraitables, reprit-elle avec inquiétude ; chacun d'eux prend fait et cause pour un compatriote ; d'ailleurs, M. Smithson a sur eux une autorité absolue !

— Et pourquoi M. Laurent souffre-t-il qu'un inférieur se fasse ainsi un parti puissant dans sa propre maison ? Pourquoi ne pas congédier ces étrangers farouches, capables de méconnaître l'autorité de leur maître réel?

— Smithson n'est pas tout à fait un inférieur; il a rendu des services immenses à la manufacture, et mon père le considère comme un autre lui-même... Ensuite, monsieur de Précigny, ajouta la jeune fille avec un enjouement mélancolique, vous pourriez ici faire bien des questions auxquelles on répondrait par un seul mot: *l'intérêt commercial.* Ces Anglais turbulents sont d'excellents ouvriers qu'il serait difficile de remplacer; on les garde, malgré leur humeur querelleuse.

Alfred rêva un moment.

— Quelle existence que la vôtre, mademoiselle, dit-il, avec l'accent d'une profonde pitié, vous si pure, si poétique, obligée de vivre dans ce monde brutal, auprès d'un père dont la seule occupation est de s'enrichir.

— Ne parlez pas ainsi de mon père, monsieur le comte, répliqua la jeune fille avec fierté; il est digne de votre estime comme il est digne de mon affection et de mon respect! Vous vous êtes trop pressé de plaindre mon sort.

— Je serais désolé, mademoiselle, de vous avoir blessée... Mais comment expliquer la conduite du maître de cette fabrique, sinon par le désir d'augmenter sa fortune?

—Par l'habitude, Monsieur. Depuis longtemps mon père a acquis une fortune plus que suffisante pour ses goûts simples et bornés; dans quel but accepterait-il les tracas, les inquiétudes, les fatigues de sa vie présente?... Je suis sa seule parente, sa seule héritière, et vous voyez si j'aurai le temps de jouir des biens qu'il amasse! Si donc il persévère dans cette voie laborieuse, c'est qu'en faisant le contraire, il mourrait d'ennui au bout de quelques mois. Une fois il y a deux ans, on crut, je crus moi-même que la maladie dont je suis atteinte provenait d'une de ces fièvres pernicieuses dont le pays est désolé. Il fut question d'aller m'établir dans une ville voisine; mon père m'aime plus que lui-même : il résolut de m'accompagner. Il lui fallait quitter son usine, ses occupations, ses travaux... A mesure que l'époque du départ approchait, je le voyais dépérir. Il ne se plaignait pas, mais je le devinai; je lui dis mes soupçons, et il m'avoua la vérité; l'oisiveté, le repos, même avec sa fille unique, l'effrayaient à l'avance... Je compris le danger, nous ne partîmes pas.

— Et vous avez sacrifié votre vie peut-être à ces goûts inconcevables de M. Laurent?

— Non, non; mon médecin reconnut plus tard son erreur. Le climat n'était pour rien dans mes souffrances; ici ou ailleurs, mon sort était fixé... Cependant, depuis cette époque, mon père ne peut entendre dire que je suis atteinte de la fièvre sans éprouver une émotion extraordinaire... Aujourd'hui même, vous en avez été témoin.

Alfred l'écoutait avec un étonnement mêlé de tristesse. Thérèse alla de nouveau à la fenêtre.

— Courage, messieurs, reprit-elle avec gaieté, l'émeute se calme; les ouvriers rentrent dans les ateliers; on ne voit plus que quelques Anglais de l'intimité de M. Smithson... Rassurez-vous, monsieur le comte, votre captivité ne sera pas aussi longue que celle de l'un de vos aïeux, le chevalier de Brenne... Il resta enfermé vingt années, dit-on, dans la tour d'Héracle, au château d'Argenton?

— Comment, mademoiselle? demanda Alfred tout surpris, connaissez-vous si bien l'histoire de ma famille? J'aurais cru...

— Que la fille d'un manufacturier devait être étrangère aux vieilles traditions du pays?... Ma science à cet égard est bien naturelle; j'ai été élevée par une excellente dame dont la mémoire était remplie des faits et gestes des seigneurs de Précigny; elle était née sur leurs terres, elle avait été comblée de leurs bienfaits. Elle m'a parlé bien souvent de votre aïeul, de votre père, de vous-même, monsieur le comte, quoique vous fussiez tout enfant, lorsqu'elle habitait le château !.. je vous connaissais déjà par ses récits avant de vous avoir vu.

— De qui parlez-vous, mademoiselle? serait-ce de cette bonne madame Dumont, l'ancienne femme de charge du château, l'amie, la confidente de ma mère?

— D'elle-même, monsieur le comte; quand votre famille fut partie pour l'émigration, madame Dumont se retira auprès de ses parents; mais bientôt les malheurs vinrent l'accabler, elle était pauvre. Il y a douze ans environ, mon père la recueillit et la chargea de mon éducation... Je lui dois le peu que je sais; toute ma vie je lui serai reconnaissante des services qu'elle m'a rendus... Dieu me l'a enlevée peu de temps avant votre arrivée ici... Elle était pour moi une seconde mère !

Les yeux de Thérèse se mouillèrent de larmes qu'elle n'avait plus pour ses propres souffrances.

— Ainsi donc, mademoiselle, reprit Alfred attendri, nous avons reçu les mêmes soins, nous avons presque été bercés par les mêmes bras ?... M. Laurent ne m'avait rien dit de sa conduite généreuse envers cette excellente amie de ma famille !

— Vous n'avez vu mon père qu'une fois, monsieur le comte, et s'il vous parla de cette circonstance, elle s'est effacée de votre mémoire. Avouez-le, jusqu'à ce moment, vous n'avez pensé à l'ancien intendant de votre famille, que pour le fuir de tout votre pouvoir... Combien de fois vous ai-je vu d'ici passer rapidement devant la fabrique, en détournant les yeux, comme si vous aviez craint d'être forcé de rendre une politesse, un simple salut?

Alfred rougit; la jeune fille elle-même, en réfléchissant aux paroles qu'elle venait de prononcer, éprouva quelque confusion. Heureusement pour tous deux, des pas rapides retentirent dans l'escalier et on frappa à la porte.

— Est-ce vous, mon père? demanda Thérèse avec vivacité.

— C'est moi, ma fille.

M. Laurent entra dans le salon. Il était haletant; de grosses gouttes de sueur perlaient sur son visage.

— Eh bien, demanda Thérèse, êtes-vous

parvenu enfin à apaiser ces méchants Anglais?

— Pas encore, mon enfant, répondit le manufacturier d'un air abattu en se laissant tomber sur un siége ; ils croient leur honneur à tous intéressé dans cette affaire ; il est impossible, pour le moment, de calmer leur exaspération...

— Cependant ils ont quitté votre bureau, et n'entendant plus leurs voix, j'espérais...

— Ils ont pris un autre parti. Sachant bien que M. le comte est encore dans la maison, ils gardent avec soin toutes les issues.

— Quoi, mon père, souffrirez-vous que des hommes à vos gages s'insurgent ainsi contre votre autorité ? Ne pourriez-vous les menacer de les renvoyer si...

— Je l'ai fait, ma fille, je crois même leur

avoir dit nettement qu'ils ne comptaient plus parmi les ouvriers de ma fabrique... Ils n'ont tenu compte de rien. Smithson, qui les dirige, est tout à fait méconnaissable ; lui si raisonnable, si sensé d'ordinaire, il a complétement perdu la tête; prières et menaces sont venues se briser contre son opiniâtreté : il veut se venger à tout prix.

— Eh bien, Monsieur, dit Alfred chaleureusement, si M. Smithson est dans ces intentions, à quoi bon faire tant de bruit ? N'est-il pas en droit de réclamer une réparation ?... Je vous en donne ma parole, je ne la lui refuserai pas. Je n'aime pas ces Anglais; ils ont importé chez nous cet esprit mercantile, cet égoïsme industriel qui effacent peu à peu tout ce qu'il y avait de brillant, de généreux, de chevaleresque dans notre caractère national. Cependant mes préjugés contre eux ne vont pas jusqu'à leur refuser le courage; ils sont braves, je le sais... Que M. Smithson vienne me demander satisfaction... il l'aura sur-le-champ.

— Voilà ce que je voudrais éviter! répliqua le manufacturier en passant sa main d'un air rêveur sur son front ridé.

— Je comprends... M. Laurent craindrait le résultat d'un duel pour ce commis, cet associé, cet'ami, dont l'expérience lui est si nécessaire!

— Et pourquoi ne le craindrais-je pas aussi, répondit le fabricant avec sévérité, pour une autre personne dont les bonnes intentions ne rachètent pas l'inconcevable légèreté. Vous avez fait bien des fautes depuis quelques heures, M. le comte... D'abord vous êtes venu à moi la menace à la bouche, pour m'imposer des sacrifices immenses, inouïs, auxquels vous n'avez pas même pris la peine de réfléchir ; en voyant votre proposition déraisonnable accueillie avec quelque ironie, vous vous êtes laissé emporter à votre caractère bouillant ; vous avez fait à un homme paisible le plus odieux, le plus sanglant outrage... et maintenant, au lieu d'expier par le repentir et la modération un coupable emportement, vous semblez tout prêt à en appeler de nouveau à la violence... Soyez vous-même votre juge, M. de Précigny ! Cette conduite provoquante est-elle digne de vous? Est-elle dans votre intérêt, dans l'intérêt de ceux dont vous avez pris la défense?

Alfred baissait la tête, car il sentait tout ce

qu'il y avait de vrai dans ces reproches. Cependant son amour-propre blessé ne lui eût pas permis de laisser sans réponse certaines expressions du vieux fabricant ; un geste suppliant de Thérèse lui ferma la bouche.

— Eh bien ! mon père, reprit la jeune fille, pourquoi ne pas réunir une douzaine de nos ouvriers français les plus robustes et les plus dociles ? avec cette escorte vous accompagneriez M. le comte jusqu'au village ou même jusque chez lui...

— Y penses-tu, Thérèse ? il pourrait en résulter un grave conflit, une sorte de guerre civile... il existe déjà une sourde animosité entre nos ouvriers anglais et nos ouvriers français ; une pareille démarche serait dans le cas de susciter des rivalités terribles et même de faire verser le sang... Non !

non, ce moyen est impolitique, dangereux.

— Excusez-moi, monsieur, dit timidement le vieux Nicolas, mais moi, du moins, je puis sortir d'ici sans difficulté ; ce n'est pas moi qui ai donné un soufflet à votre M. Smithson ! Je vais donc aller là-bas au village ; un mot suffira pour mettre tout le monde sur pied ; chacun voudra concourir à la délivrance de ce bon jeune homme, et nous viendrons ici en troupe suffisante pour le mettre à l'abri d'une insulte.

— Et pouvez-vous répondre des suites d'une collision entre nos ouvriers et les villageois de Précigny? demanda le manufacturier avec vivacité ; ne frémissez-vous pas de penser à ce qui arriverait quand ces deux bandes, également irritées, également folles, se trouveraient en présence l'une de l'autre? Non, ce parti est encore plus dangereux que le premier. Malheureusement il ne serait pas impossible que le bruit des événements survenus ici se fût déjà répandu à Précigny... les mauvaises nouvelles vont si vite! Aussi n'y a-t-il pas de temps à perdre pour employer le seul moyen raisonnable de terminer convenablement cette affaire.

— Et quel est ce moyen, mon père?

Le manufacturier resta un moment sans répondre.

— Une réconciliation entre M. le comte de Précigny et M. Smithson, dit-il enfin.

VIII

A ce mot de *réconciliation*, Alfred ne put retenir un sourire ironique.

— Ne riez pas, monsieur, dit Laurent avec autorité; ne riez pas, car la circonstance est grave pour vous, pour Smithson, pour nous tous... Vous avez déshonoré un homme paisible que son caractère inoffensif eût dû vous rendre sacré... Peut-être cet outrage sera-t-il le signal de malheurs plus grands encore ! Un pareil événement, dans l'état actuel des esprits, peut enflammer bien des têtes, soit ici, soit au village. Il résultera des inimitiés, des haines, des conflits déplorables... Vous êtes jeune, monsieur; vous ne voyez pas les choses d'aussi loin qu'un homme à cheveux gris comme moi ; et cependant songez-y, ce soufflet donné au sous-directeur de la fabrique pourra devenir plus fatal au pays que cette fièvre dont on fait tant de bruit, si vous ne voulez m'aider à étouffer cette malheureuse affaire... Je ne vous parle pas des dangers qui vous menaceraient personnellement;

vous mettriez, je le sais, une sorte de point d'honneur à les braver. Réfléchissez néanmoins à quelles rencontres vous seriez exposé, quand vous parcourriez la campagne, seul et à pied... Trente ennemis tels que ces vindicatifs Anglais ne sont pas à dédaigner, même pour le descendant de tant de braves chevaliers !

Alfred comprenait la force de ces raisonnements ; mais une susceptibilité exagérée l'empêchait d'entrer dans la voie des concessions.

Mademoiselle Laurent avait écouté ces paroles d'un air très-ému. Elle entraîna rapidement son père de l'autre côté de la chambre.

— Serait-il vrai ? demanda-t-elle d'une voix tremblante, ces Anglais auraient-ils de mauvais desseins contre M. de Précigny? Seraient-ils capables de lui tendre des piéges, de l'attaquer s'ils le rencontraient par hasard?

— Ils le feront, mon enfant, ils le feront sans aucun doute, si j'en crois leurs effroyables serments... Oui, plusieurs d'entre eux seraient capables de le tuer, s'il tombait entre leurs mains.

— Le tuer, mon Dieu! le tuer? répéta la jeune fille en jetant sur le comte un regard empreint d'une mortelle angoisse : mais ces hommes sont donc des brigands, des assassins? Il faut les congédier, mon père, les congédier tous, je vous en supplie...

— Cette mesure augmenterait encore le danger de M. de Précigny, car elle exalterait les colères, les sentiments de vengeance... Mon enfant, il serait plus sage d'apaiser le contre-maître; lui seul parviendrait à calmer l'effervescence de ses compatriotes.

— Eh bien! ne l'avez-vous pas essayé? vos efforts n'ont-ils pas été inutiles?

— C'est vrai, mon enfant, mais toi, j'en suis sûr, tu seras plus heureuse... tu n'aurais qu'un mot à dire à Smithson....

— Oh! jamais! balbutia la jeune fille.

Et elle se couvrit le visage pour cacher une rougeur subite.

M. Laurent l'attira doucement à lui, l'embrassa au front et se leva en poussant un profond soupir.

Pendant cette petite scène entre le père et la fille, le vieux Nicolas, dont la sagacité appréciait sainement la fausse position où se trouvait le comte, n'avait cessé de l'exhorter à la modération ; il lui représentait de quelle importance il était pour les habitants de Précigny que les torts fussent toujours du côté de leurs ennemis. Quand M. Laurent se rapprocha d'eux, Alfred était déjà à demi vaincu.

— Eh bien, soit, dit-il avec un violent effort; puisqu'il le faut, puisque le sort de tant de personnes est intéressé à ce que je subisse une semblable humiliation, j'accorderai une réparation convenable à M. Smithson.

— Quoi ! monsieur, s'écria le manufacturier, vous seriez disposé à lui adresser des excuses publiquement, à lui serrer la main...

— Des excuses à un homme que je méprise!... Serrer la main d'un homme que je hais! Non, monsieur, je ne promets pas d'aller aussi loin.

— Et si je vous en suppliais, monsieur le comte, s'écria Thérèse, en joignant les mains et les larmes aux yeux ; si je vous en suppliais, non pas en mon nom, car que suis-je pour vous? mais au nom de la religion, de l'humanité, au nom de votre mère, cette noble dame dont les bienfaits sont encore vivants ici dans la mémoire du pauvre, au nom de ces malheureux paysans qui vous ont choisi pour leur protecteur? Dites, monsieur de Précigny, ne feriez-vous pas fléchir une puérile fierté?

— Mademoiselle, répondit Alfred d'une voix altérée, nous nous connaissons depuis bien peu d'instants, et cependant, Dieu m'en est témoin ! je vous sacrifierais volontiers des considérations qui ne toucheraient pas à un impérieux devoir. Mais un gentilhomme ne saurait accepter certaines positions équivoques sans préjudice pour son honneur ! Je ne dois pas donner raison contre moi à l'insolent qui m'a provoqué et à ses indignes auxiliaires...

— Quel parti prendre, alors? s'écria Thérèse au désespoir. Comment vous faire sortir d'ici? Comment vous mettre à l'abri des dangers qui vous menacent dans le présent, et vous menaceront encore dans l'avenir?

Alfred allait remercier la jeune fille de ce touchant intérêt; mais, depuis quelques instants, une sourde rumeur s'élevait du dehors. Tout à coup, cette rumeur devint plus forte et plus rapprochée : c'étaient des cris, des hurlements sauvages qui dominaient les bruits divers de la fabrique.

M. Laurent jeta les yeux dans la cour et il devint très-pâle.

— Monsieur le comte, dit-il avec un calme effrayant, en étendant le bras, vos violences portent déjà leurs fruits... Venez contempler votre ouvrage.

Alfred courut à la fenêtre ; Thérèse et Nicolas se précipitèrent derrière lui. Un spectacle inattendu frappa leurs regards.

Une foule nombreuse d'hommes, de femmes, d'enfants même pénétraient pêle-mêle dans la cour, par la grande porte toujours ouverte de la manufacture. Les uns étaient armés de fourches ou de fléaux à battre le blé; d'autres brandissaient de longues faux luisantes dont l'aspect faisait frissonner.

Quelques hommes portaient des fusils et se tenaient prêts à tirer. Tous ces gens poussaient des clameurs confuses, au milieu desquelles on distinguait le nom de Précigny. Les femmes, comme il arrive d'ordinaire dans ces sortes d'émeutes, étaient les plus animées et les plus hardies. Deux ou trois de ces amazones invectivaient déjà les ouvriers épars autour des lavoirs.

— Ce sont les gens du village qui viennent nous délivrer, s'écria Nicolas; je reconnais tous nos voisins, et Mathurin est à leur tête... Hâtons-nous d'aller les joindre.

En ce moment, un hourra terrible sembla répondre du fond des ateliers aux provocations des arrivants. Puis, des nombreuses portes cintrées, des fenêtres du rez-de-chaussée, on vit s'élancer des hommes irrités, les vêtements en désordre. Les uns agitaient de grands ciseaux de tondeurs de drap ou des barres de tisserand ; d'autres avaient des maillets, des bâtons, toutes armes qui leur avaient paru propres à repousser l'ennemi.

Une collision semblait inévitable ; mais M. Laurent s'écria d'une voix tonnante :

— Que personne ne bouge ! Si un seul de mes ouvriers ose frapper un coup, il s'en repentira toute sa vie... Rentrez dans vos ateliers, retournez à votre ouvrage... Malheur à qui me désobéira !

Aux accents de cette voix connue, les ouvriers de la fabrique s'arrêtèrent ; mais la curiosité les empêcha d'obéir en tous points à la volonté de leur maître, en regagnant les ateliers. De leur côté, les gens de Précigny, malgré leur état d'exaspération, s'étaient pelotonnés au milieu de cette vaste cour, dès qu'ils avaient vu accourir un si grand nombre d'assaillants, et ils se tenaient sur la défensive. Les deux partis levèrent les yeux vers la fenêtre d'où partait cet ordre impérieux.

— Cachez-vous, au nom de Dieu! s'écria Thérèse en se précipitant devant Alfred. Il n'est pas prudent de vous montrer en ce moment!

Le comte lui adressa un regard plein de reconnaissance.

— Cependant, mademoiselle, reprit-il doucement, l'occasion est favorable pour vous débarrasser de notre importunité... Ces bons paysans de Précigny me seront une escorte suffisante ; je n'aurai plus rien à craindre avec eux.

—De grâce, monsieur le comte, reprit le manufacturier, après avoir fait signe à la foule attentive qu'il allait descendre, restez ici encore quelques instants.... Dieu sait quelles complications votre humeur téméraire ou même votre seule présence pourrait ajouter à ces événements déjà si fâcheux ! Permettez-moi d'aller d'abord sonder le terrain; je parlerai aux deux partis, je les apaiserai, et je viendrai vous chercher moi-même... En attendant, je vous en prie, soyez patient et ne vous montrez pas.

— Mais, monsieur, je crois convenable...

— Vous ne vous appartenez plus, interrompit le manufacturier avec force ; ne vous plaignez pas si d'autres s'arrogent le droit de réparer les maux causés par votre imprudence... Encore une fois, pas de folle témérité; les suites en seraient terribles, vous en porteriez la responsabilité devant Dieu et devant les hommes... Nicolas va m'accompagner; il suffira pour faire comprendre à vos amis que vous êtes en sûreté...

— M. Laurent a raison, dit le vieux paysan avec précipitation, restez ici, monsieur le comte; laissez-nous d'abord expliquer la chose et parler comme il faut à ces braillards..... Pour moi, je réponds des bonnes gens de Précigny, si je peux seulement faire entendre ma voix au milieu de ce vacarme.....

— Et moi, je répondrais de mes ouvriers, répliqua Laurent, si cet opiniâtre Smithson ne venait se jeter à la traverse..... mais partons, partons vite... un mot, un mouvement brutal pourrait rendre nos précautions et nos efforts inutiles!

Il prit le bras du vieillard, adressa un geste rapide au comte pour lui rappeler sa promesse, et il sortit en fermant la porte sur lui. Alfred se trouva seul avec mademoiselle Laurent.

La jeune fille était tremblante, son visage ne pouvait être plus pâle qu'il l'était habituellement, mais ses grands yeux bleus brillaient d'un éclat inaccoutumé. Elle écoutait avec terreur les bruits de la cour, et chaque cri la faisait tressaillir.

Assise dans un fauteuil près de la fenêtre, le corps un peu penché en avant, le bras tendu, sa pose était pleine de grâce et d'animation. Les boucles blondes de sa chevelure oscillaient à chacun de ses tressaillements; son sein palpitait comme la poitrine d'un petit oiseau effrayé.

Le comte la contemplait avec admiration. Le tableau poétique de cette belle enfant émue, et émue pour lui seul, cette attitude charmante, cette candeur naïve l'absorbaient tout entier, le rendaient insensible au péril.

Au moment où Laurent et Nicolas arrivèrent dans la cour, les clameurs devinrent plus vives, plus tumultueuses. La jeune fille se leva par un mouvement automatique.

— Ah! mon Dieu! s'écria-t-elle, mon père courrait-il aussi quelque danger!

Alfred s'élança pour la soutenir; il saisit

une main blanche et diaphane qu'il porta à ses lèvres.

— Rassurez-vous, mademoiselle, dit-il avec empressement, ces cris n'exprimaient que la surprise, la joie peut-être... M. Laurent ne peut rien avoir à craindre.

En effet, les deux troupes ennemies étaient séparées par un large espace vide. En face du pavillon, le manufacturier parlait avec chaleur à ses ouvriers; ceux-ci écoutaient respectueusement et chapeau bas. Du côté de la porte, les habitants de Précigny entouraient le vieux Nicolas; ils avaient abaissé leurs armes et ils n'avaient plus leur attitude hostile. Le calme s'était rétabli partout, calme trompeur peut-être et semblable à celui qui précède un orage, mais aucun danger immédiat ne semblait à redouter.

— Espérons encore! dit Thérèse en levant les yeux au ciel; puisse Dieu m'épargner la douleur de voir ensanglanter la maison de mon père!

IX

Le comte Alfred ramena doucement Thérèse à sa place.

— Oui, mademoiselle, dit-il avec un accent de l'âme, sans lâcher cette main frémissante dont il s'était emparé, le calme va se rétablir; je vais quitter cette maison, et Dieu sait s'il me sera permis d'y revenir jamais!... Laissez-moi donc vous exprimer ma reconnaissance pour votre touchante sollicitude à mon égard. Ah! mademoiselle, qui m'eût dit que derrière les murs de cette demeure maudite, de cet asile de l'égoïsme et des intérêts matériels, je trouverais le type le plus aimable de toutes les perfections, de toutes les vertus?

Le comte s'exprimait avec beaucoup de chaleur. Thérèse jeta autour d'elle un regard inquiet; pour la première fois, elle s'aperçut qu'elle était seule et enfermée avec lui.

— Monsieur, répondit-elle avec embarras en baissant les yeux, je n'ai aucun droit à votre reconnaissance... Mon père seul a pu et osé vous défendre dans ce triste conflit; moi, je n'ai fait qu'exécuter ses volontés.

— Pourquoi ne pas m'avoir laissé croire que votre conduite généreuse était le résultat d'un peu de bienveillance pour l'élève de madame Dumont, votre seconde mère? dit Alfred avec un accent de reproche. Quant à M. Laurent, malgré mes griefs contre lui, il s'est montré aujourd'hui digne et modéré avec moi, je l'avoue; je vous prie donc de lui transmettre aussi mes remercîments si les circonstances ne me donnaient pas le loisir de le faire. Cependant...

—Cependant, Monsieur le comte, vous allez, en nous quittant, redevenir son ennemi; vous allez poursuivre vos projets, exécuter vos menaces!

— Et quand cela serait, mademoiselle,

vous, du moins, vous si supérieure à tout ce qui vous entoure, me blâmeriez-vous de persévérer dans ma mission de justice et d'humanité?... Oh! je sens déjà combien votre blâme, votre réprobation seraient douloureux pour moi!... Mais comment me soustraire aux engagements solennels contractés librement envers ces malheureux villageois? Hier encore, heureux et insouciant, je ne m'inquiétais pas d'eux; leurs souffrances me semblaient un châtiment de la Providence... Aujourd'hui, je les ai trouvés pleurant dans un cimetière près de leurs tombes entr'ouvertes; ils m'ont conjuré de défendre leurs malheureuses existences; ils ont invoqué des souvenirs de famille chers et sacrés pour moi; pouvais-je résister à tant d'instances, à l'aspect de tant de maux?...

Soyez juge, mademoiselle, vous si charitable, si compatissante!... Et puis, voyez; au premier bruit d'un danger qui me menaçait ici, ils sont accourus tous; n'y aurait-il pas lâcheté à les abandonner après avoir reçu d'eux de pareilles preuves de dévouement?

Thérèse hésita un moment avant de répondre; évidemment il y avait lutte dans cette âme pure entre le devoir et des sentiments secrets.

— Monsieur de Précigny, balbutia-t-elle enfin, vous n'espérez pas qu'une fille donne son assentiment à des projets dirigés contre son père... Ne me consultez donc pas... suivez plutôt les inspirations de votre conscience et de votre cœur; elles ne sauraient vous tromper.

— Puis-je donc espérer, mademoiselle,

que vous ne désapprouvez pas tout à fait...?

— Je ne saurais approuver des actes d'agression contre l'homme que je dois le plus aimer et respecter après Dieu. Cependant, je ne m'en cache pas, je suis profondément touchée du sort de ces infortunés paysans, et je comprends aisément qu'une personne généreuse se soit imposé la tâche de l'adoucir ; les moyens à employer seuls peuvent être l'objet d'un blâme.

— Eh bien ! mademoiselle, s'écria le comte, quels que soient ces moyens auxquels le sentiment de l'injustice et le désespoir nous entraînent, promettez-moi, je vous en supplie, de ne jamais me maudire, me détester... Mon devoir envers ces pauvres gens va me sembler bien pénible et bien lourd, maintenant que je vous connais ! Chaque fois que mon bras voudra se lever contre notre ennemi, votre belle et noble image apparaîtra entre lui et moi.... Je me souviendrai toujours que dans cette maison dont l'existence est un désastre pour le pays entier, habite une femme céleste, digne de l'affection, du respect, de l'admiration de tous !

— Ne pensez pas à moi, répliqua Thérèse d'une voix basse et pénétrante, avec une énergie singulière; oubliez-moi, et marchez vers votre but sans crainte et sans détours, car ce but est grand et beau.

Ces paroles semblaient être un élan de l'âme, un cri du cœur, et Alfred tressaillit de joie. Mais presque aussitôt la jeune fille rougit, comme si elle se fût repentie de cet aveu, et elle ajouta avec noblesse :

— Souvenez-vous surtout, monsieur le comte, que votre adversaire vous aura donné l'exemple de la modération et de l'oubli des injures.

Une rumeur nouvelle, partie de la cour, vint interrompre cet entretien.

— Ce n'est donc pas fini? vous n'êtes donc pas encore en sûreté? s'écria mademoiselle Laurent. Mon Dieu! que se passe-t-il encore?

Précigny, tout pensif, fit un geste d'indifférence. Thérèse courut à la fenêtre, et souleva légèrement le rideau.

— C'est Smithson et ses Anglais! dit-elle avec terreur. Tout est perdu.

Alfred se leva à son tour.

— Ah! mademoiselle, reprit-il d'un ton ému, je bénirais le danger s'il me valait de votre part un sentiment de pitié; mais le nombre même de mes ennemis fait ma sécurité. M. Smithson, j'imagine, ne saurait fanatiser assez ses compatriotes pour les rendre complices d'un crime!

— J'ignore quels sont ses projets, répliqua Thérèse en frémissant; mais je le crois capable des excès les plus indignes...

Le danger, en effet, n'était pas imaginaire: Smithson venait d'apparaître entouré d'une troupe d'hommes robustes et déterminés. Comme il arrive d'ordinaire, ses partisans s'étaient mutuellement exaltés par des fanfaronnades, par des défis, et peu à peu leur colère était montée à son paroxysme. Lors de la première alarme, où M. Laurent avait déployé tant de fermeté, ils s'étaient répandus dans la campagne autour de la fabrique, afin d'être sûrs que l'offenseur ne pourrait s'échapper par les jardins ou par quelque porte dérobée. Mais en voyant les habitants de Précigny accourir en foule pour délivrer le comte, ils s'étaient réunis de nouveau, et, s'emparant de la porte principale de l'usine, ils semblaient disposés à ne laisser sortir personne qu'à bon escient.

On se fera idée sans peine de l'aspect tumultueux que présentait la cour en ce moment. Les paysans, avec leurs armes bizarres et terribles, avaient été refoulés jusqu'au pied du pavillon où se trouvait le comte ; ils se tenaient sur la défensive en écoutant Nicolas qui les conjurait d'être calmes et modérés. Sur la gauche, autour des lavoirs et des bassins, étaient groupés les ouvriers de la fabrique. Sollicités par ce goût inné des gens du peuple pour les bagarres, ils s'agitaient à grand bruit sans oser approcher toutefois du théâtre probable de la lutte. Du côté de la porte, les ouvriers anglais formaient bande à part. L'aspect de ceux-ci était vraiment repoussant ; vêtus seulement d'un pantalon de travail et d'une chemise, ils avaient les bras et la tête nus ; ils étaient armés de bâtons et de longs couteaux ; leurs traits rouges, animés, exprimaient la férocité. Aux fenêtres des ateliers, on voyait des femmes et des enfants trop timides pour descendre dans la lice ; les uns pleuraient et se lamentaient ; d'autres riaient, poussaient des huées. Un rayon du soleil, perçant à travers les nuages, jetait sur cette scène menaçante un jour oblique et blafard.

M. Laurent courait de l'une à l'autre

troupe avec une activité infatigable. Il avait ceint son écharpe de maire, afin d'imposer davantage par sa double qualité d'officier municipal et de chef de la fabrique. Outre Nicolas, il était secondé, dans sa mission de pacification, par un autre personnage dont l'air vénérable eût dû inspirer des sentiments de respect : c'était le curé de Précigny, vieillard de quatre-vingts ans, au dos voûté, à la démarche chancelante. Il était accouru au premier bruit du tumulte, malgré son âge et ses infirmités; les larmes aux yeux, il suppliait ses paroissiens de demeurer paisibles, il leur peignait chaleureusement les suites terribles d'un acte d'agression.

A la vue de ce sinistre tableau, Alfred de Précigny se montra profondément attendri. Il détourna la tête, et, posant ses mains sur son front, il dit d'une voix altérée :

— Je n'ai pas le courage de regarder..... Mon Dieu! que vont-ils faire?... Et dire que je serai cause de tout... Oh! fatale étourderie!

— Un tort dont on se repent est déjà à demi effacé, dit la jeune fille avec une douce indulgence; ne vous désolez pas, monsieur le comte; peut-être tout ceci finira-t-il bien! Mais écoutez, ajouta-t-elle, on parle au-dessous de nous; nous allons savoir enfin quels sont leurs projets...

La voix de Mathurin se faisait entendre en effet au milieu du silence de ses compagnons:

— Parole d'honneur! monsieur le curé et vous, père Nicolas, disait-il d'un ton élevé, de manière à être entendu au delà du cercle qui s'était formé autour de lui, nous n'avons pas de mauvaises intentions.... Aujourd'hui je rôdais près de la fabrique lorsqu'on est venu me dire que le digne jeune homme, M. de Précigny, allait être assassiné par les ouvriers pour avoir donné un soufflet à l'*Anglais* (on sait que les paysans désignaient ainsi Smithson). Ma foi! alors, j'ai jeté l'alarme là-bas, au village, et nous sommes venus toujours courant pour le délivrer ! Nous lui devions bien cela à ce courageux monsieur qui s'est compromis pour nous... maintenant, rendez-le-nous, ou prouvez-nous qu'il est sain et sauf hors d'ici, nous nous retirerons paisiblement chez nous, sans faire de mal à personne... Autrement, sur mon âme ! nous le défendrons et nous nous défendrons nous-mêmes... N'est-ce pas, mes amis?

— Oui, oui, répétèrent les paysans; qu'on nous le rende et nous serons contents.

— Braves gens! murmura Alfred avec émotion.

La jeune fille lui désigna, par un geste silencieux, une scène différente, qui se passait un peu plus loin.

M. Laurent s'était approché de ses indomptables Anglais, groupés autour de la porte; ils l'avaient accueilli d'un air de sombre défiance et sans parler. Le fabricant comptait s'adresser à leur chef Smithson, et le décider à calmer les mutins; mais, craignant sans doute quelque tentative de ce genre, Smithson était devenu tout à coup invisible. A sa place, une espèce de géant de six pieds de haut, aux gros favoris roux, aux bras velus, colorés jusqu'aux coudes par une teinture encore fraîche, semblait commander la troupe. C'était un teinturier dont ses camarades mêmes redoutaient la brutalité; il affectait en toute occasion un souverain mépris pour la France, à laquelle certaines fautes dans son pays natal l'avaient obligé de venir demander asile.

Le manufacturier l'avait interpellé d'abord doucement, mais on lui avait répondu avec une insolence extrême; M. Laurent s'était animé, et le bruit de cette altercation était devenu tel qu'il couvrait celui des autres discussions particulières.

— Nous ne sommes plus ouvriers de cette fabrique, criait l'Anglais avec arrogance, dans un affreux jargon que nous traduisons, autant que possible, en langue intelligible ; nous ne voulons plus rester dans cette maison où l'on insulte des sujets du roi Georges, des *gentlemen*..... nous quitterons le pays, mais en attendant, nous voulons nous venger de cet insolent qui a osé flétrir la joue d'un Anglais... Il est ici, nous voulons le traiter suivant ses mérites !

— Mais quels sont vos projets? s'écria Laurent avec vivacité; voudriez-vous donc l'assassiner ?

— Le tuer, non! répliqua le teinturier d'un ton rogue, nous ne serons pas si méchants; nous voulons seulement « coup pour coup, comme Conan disait au diable » (1); ce chien de lord français a donné un soufflet à M. Smithson, il recevra un soufflet

(1) Proverbe anglais.

de chacun de nous, après quoi il sera libre...
et le diable me fasse la grâce d'être chargé
de lui rendre la monnaie de sa pièce !

De violents murmures du côté des
Français, des applaudissements du côté des
Anglais, suivirent cette étrange déclaration.

— Oui, chiens de Frenchmen, s'écria le
teinturier en se tournant vers les ouvriers
paisibles, nous voulons donner un soufflet
à votre lord mendiant... et pas un de vous
n'aura le courage de nous en empêcher !

Des cris d'indignation partirent de toutes
parts. Laurent s'élança pour prévenir une
collision ; il y parvint encore avec difficulté.

Le comte de Précigny avait quitté la fenêtre.

— L'avez-vous entendu ? disait-il avec
véhémence en se promenant dans le salon ;

ils veulent m'outrager, me flétrir... les lâches!

Thérèse lui toucha légèrement le bras:

— Monsieur le comte, lui dit-elle avec résolution, un seul parti vous reste à prendre... fuyez par les jardins. Vous une fois hors de la manufacture, cette querelle s'éteindra faute d'aliment...

— Fuir devant cette méprisable canaille! s'écria Alfred. Me sauver furtivement comme un malfaiteur!... Oh! plutôt qu'on me donne une arme, un fusil, une simple cravache, et je jure...

— Encore! dit Thérèse d'un ton de reproche mélancolique.

— Eh bien! non, répliqua le comte en souriant avec abandon; ma vivacité irréfléchie m'a déjà jeté dans ce péril, elle finirait par m'aliéner votre précieuse bienveillance; je n'écouterai donc que vous, je n'obéirai qu'à vous... Indiquez-moi le chemin, mademoiselle, et je me résignerai à cette démarche, bien qu'elle répugne à ma fierté.

— Partons donc... Mais un moment, ajouta Thérèse en se reprenant aussitôt; je n'aperçois pas Smithson et deux ou trois de ses compatriotes les plus dévoués; ils vous guettent sans doute au passage...

Je dois m'assurer que vous ne ferez pas quelque mauvaise rencontre. Un peu de patience, je reviendrai bientôt.

— De grâce, mademoiselle, ne sortez pas dans ce moment d'effervescence générale; qui sait si vous-même...

— Oh! moi, je n'ai rien à craindre; ne suis-je pas ici chez mon père?... Attendez encore quelques minutes, monsieur le comte; surtout pas de nouvelles imprudences!

— Mademoiselle, je ne souffrirai pas...

Thérèse, sans l'écouter, lui fit de la main un signe d'encouragement et elle sortit du salon, légère comme un oiseau.

Alfred resta debout, à la place où elle l'avait laissé, les yeux fixés vers cette porte qui venait de se refermer sur elle. Dès qu'il ne vit plus cette belle et poétique créature, dont le charme inconnu s'était si subitement révélé à lui, il sentit comme un vide au fond de son âme. Dans cette organisation ardente, toutes les impressions étaient rapides et profondes; un sentiment n'avait pas besoin de mûrir longtemps pour devenir puissant, désordonné, irrésistible. Alfred sentait déjà que la pensée de Thérèse Laurent ne s'effacerait plus de son cœur.

— Quelle est belle! murmurait-il; l'imagination peut-elle concevoir rien d'aussi angélique?

Il s'interrompit et frappa du pied.

— Quoi donc! reprit-il avec emportement, pourrais-je aimer la fille du manufacturier Laurent, de l'ancien intendant de mon père?

Et il se promena à pas précipités dans le salon, comme s'il eût voulu échapper à une pensée importune.

X

Bientôt le comte s'arrêta machinalement devant la fenêtre. La foule était toujours dans un état de fermentation fort inquiétant; des orateurs improvisés parlaient avec une animation extraordinaire au milieu des groupes.

Mais l'attention d'Afred se fixa particulièrement sur les ouvriers anglais ; ils étaient encore à leur poste, écoutant d'un air d'impatience les exhortations de M. Laurent. Le bon vieux curé de Précigny s'était joint au manufacturier ; tous les deux employant tour à tour les prières et les menaces, s'efforçaient d'appaiser les révoltés.

Dans ce moment d'attente générale, un coup de fusil partit malheureusement du groupe formé par les habitants de Précigny. Ce coup de feu ne blessa personne, il avait été tiré par inadvertance. Cependant l'effet de cet acte d'aggression apparente fut prompt et terrible. Des cris épouvantables retentirent de tous côtés ; ces bandes d'hommes, de femmes et d'enfants qui se pressaient autour des lavoirs, saisis d'une terreur panique, s'enfuirent en se culbutant dans les ateliers. En un instant il y eut un vaste espace vide au centre de la cour; on ne vit plus que les deux bandes armées, prêtes à se ruer l'une sur l'autre.

D'abord les paysans eux-mêmes avaient été frappés de stupeur; ils se regardaient d'un air consterné. Les Anglais ne leur laissèrent pas le temps de se reconnaître.

— Ah! goddam! c'est comme cela? s'écriait dans son jargon le teinturier, chef de la troupe, en brandissant une barre de bois, on nous attaque, on tire sur nous comme sur des lièvres? En avant, les bons drilles... Tombons sur ces coquins de Français, et donnons-leur une leçon de politesse envers les étrangers! Hourra pour la vieille Angleterre!

Ses compatriotes n'avaient pas besoin d'être excités à la vengeance ; M. Laurent et le curé se jetèrent au-devant d'eux.

— Mes amis, mes chers enfants, s'écriait le prêtre ; écoutez-moi, de grâce.

— C'est un accident ! C'est un malentendu, s'écriait le manufacturier. Laissez-moi éclaircir cette affaire. Je suis sûr...

— Finissons-en avec ces deux vieux prêcheurs, interrompit le teinturier ; Willams, et toi, Tom, chargez-vous d'eux, et sans leur faire de mal, mettez-les moi de côté comme des ballots de rebut... En avant les braves garçons de Birmingham !

Deux robustes Anglais s'emparèrent de M. Laurent et du prêtre, malgré leurs protestations, et voulurent les entraîner à l'écart. Les gens de Précigny, en voyant le vénérable vieillard entre les mains brutales des étrangers, sortirent brusquement de leur léthargie. Nicolas lui-même fut le premier à animer ses compagnons.

— Les brigands ! s'écriait-il, voyez-vous comme ils traitent notre bon curé, notre meilleur ami, après le comte Alfred? il n'y a plus de ménagements à garder avec ces bandits... Allons! donnons-leur une frottée, délivrons M. le curé !

Toute la troupe s'ébranla aussitôt ; on vit briller ces faulx formidables, ces tridents de fer dont s'étaient armés les villageois.

— Arrêtez, cria-t-on d'une voix éclatante, arrêtez, au nom du ciel !

Les deux troupes restèrent immobiles, muettes d'étonnement. On cherchait autour de soi qui pouvait donner un ordre avec tant d'autorité. Enfin, on aperçut le comte Alfred à la fenêtre du pavillon ; il était fort pâle et il faisait de la main des signes précipités.

Au moment d'assister à un horrible massacre, le jeune homme avait oublié ses promesses ; il était disposé à subir toutes les extrémités possibles plutôt que de voir tant de malheureux s'entr'égorger pour lui.

En reconnaissant leur protecteur, les gens de Précigny manifestèrent une grande joie : ils l'appelèrent bruyamment afin qu'il vînt les joindre. C'était le projet d'Alfred, non pour engager le premier une odieuse lutte, mais pour tenter encore une conciliation devenue si difficile.

Chaque minute était précieuse. Il mesura du regard l'élévation de la fenêtre ; elle était placée à une quinzaine de pieds environ au-dessus du pavé de la cour ; mais, à moitié de la hauteur, se trouvait l'auvent de bois peint qui protégeait la porte du pavillon. Alfred était fort et agile, il n'hésita pas à prendre un parti. Il enjamba le balcon, sauta sans accident sur l'espèce de terrasse formée par l'auvent, de là, dans la cour, le trajet n'était guère plus périlleux; au bout d'une minute, il était en bas, au milieu de ses amis.

Il fut accueilli avec des transports de joie par tous ces braves gens. Mais Nicolas sentit le danger de la situation et la nécessité de ne pas perdre une minute.

— Et maintenant, partons, dit-il à demi-voix en saisissant le bras d'Alfred, ne donnons pas à ces coquins le temps de reconnaître M. de Précigny... Nous ne ferons de mal à personne, continua-t-il tout haut de manière à être entendu des malveillants, mais qu'on nous laisse passer... Nous ne demandons rien, sinon de sortir paisiblement d'ici !

Il ordonna à ses voisins d'abaisser leurs armes, afin de montrer des dispositions pacifiques et la troupe se dirigea vers la porte de la manufacture. Pendant un moment, cette tactique parut devoir réussir ; les Anglais, dont aucun ne connaissait le comte Alfred, restaient indécis. Quelques-uns avaient bien soupçon de la vérité; mais, avec leurs idées particulières sur la noblesse, ils n'avaient garde de voir dans ce jeune homme en blouse et en casquette de chasse, le fier héritier d'une famille patricienne. Smihtson, se montrant tout à coup, vint changer la face des choses.

Le contre-maître s'était tenu caché jusqu'à ce moment en dehors de l'usine; mais aucune circonstance de cette violente crise ne lui avait échappé. Il s'élança au milieu de ses compatriotes, et s'écria en Anglais :

— Qu'allez-vous faire, enfants? est-ce ainsi que vous me soutenez? Ce gentleman qui vient de se joindre à la bande, c'est le comte de Précigny !

— Goddam ! dit le teinturier dans un ébahissement profond ; un comte habillé comme un paysan !... Mais ces nobles de France n'ont pas autant d'écus dans leurs poches que le plus petit fermier d'un de nos comtés d'Angleterre! Eh bien donc, puisque le voici, il ne sortira pas sans avoir payé son passage.

En même temps il vint se mettre en travers de l'énorme porte et la ferma à grand bruit. Alfred vit avec douleur l'impossibilité où se trouvaient ses compagnons de se retirer sans combat :

— Monsieur Smithson, s'écria-t-il indigné, si je vous ai insulté, je suis prêt à vous rendre raison. Est-il donc nécessaire, pour une querelle survenue entre vous et moi, de mettre tant de personnes dans le cas de s'entretuer? Est-ce ainsi que l'on entend l'honneur de l'autre côté de la Manche?

— Si je vous tue ou si vous me tuez, répliqua Smithson avec une sombre opiniâtreté en portant la main à sa joue, en aurai-je moins reçu un soufflet? Non, non, chaque chose aura son tour un outrage fait à un loyal anglais ne se lave pas ainsi... Vous m'avez frappé, je veux vous frapper aussi !... le duel viendra après.

—Oui, c'est cela, coup pour coup ! gronda

le teinturier avec une gaîté brutale ? John, Willams, Georges ! tenez ferme près de la porte, tandis que nous allons prendre le jeune coq au milieu de ses oisons !

Le comte promena autour de lui un regard plein d'angoisses. Le bon curé, épuisé par ses efforts précédents, était tombé presque évanoui sur un banc de pierre. M. Laurent, échappant aux mains de son gardien, avait couru vers les ateliers et s'efforçait de recruter, parmi ses ouvriers un nombre suffisant d'hommes sûrs, au moyen desquels il pût imposer aux deux partis. Mais il ne devait pas être de sitôt en mesure d'opérer une diversion efficace pour le maintien de l'ordre.

— Mes bons amis, dit le comte avec agitation en s'adressant à ceux qui l'entouraient, je ne veux pas être la cause d'une effusion de sang... Dispersez-vous, je vous en supplie; abandonnez-moi; quoi qu'il arrive, vous vous êtes conduits en braves gens!

— Non pas, non pas! dit Nicolas d'un ton ferme; c'est pour nous que vous vous êtes exposé à ce danger; nous serions des ingrats de ne pas vous soutenir jusqu'à la mort! n'est-ce pas vous autres?

— Oui, oui; il vaut autant mourir ici en bousculant les Anglais, que de mourir de la fièvre dans son lit!

— Que le sort s'accomplisse donc, reprit Alfred en poussant un profond soupir; mais pour Dieu, ne portez pas les premiers coups!

Comme il achevait ces mots, les Anglais arrivèrent en poussant un formidable hourra. Les troupes se touchaient presque et allaient se confondre...

Tout à coup une forme blanche et légère apparut dans l'étroit espace qui les séparait encore; c'était mademoiselle Laurent. Nul ne l'avait vu venir et n'avait entendu sa voix; elle semblait surgir de terre ou descendre du ciel au milieu de cette scène de tumulte. Le visage tourné vers les Anglais, elle éleva à la fois les deux bras en l'air pour leur commander de s'arrêter; aussitôt ils reculèrent avec respect.

La jeune fille elle-même parut surprise de l'effet qu'avait produit sa présence sur les mutins; mais profitant du premier moment d'hésitation, elle appela d'un ton ferme :

— Smithson ! où est M. Smithson ?

Le contre-maître sortit des rangs, s'avança vers elle avec déférence. Thérèse lui posa la main sur l'épaule d'un air de familiarité; puis, se penchant à son oreille, elle y glissa quelques mots.

Smithson répliqua à voix basse et avec chaleur; au bout d'une minute de conversation, il releva la tête; son visage était radieux, ses yeux brillaient de plaisir.

— En arrière, mes drôles, s'écria-t-il en français, en s'adressant à sa troupe, dispersez-vous sur-le-champ... Celui qui frappera au coup se fera un ennemi de moi ! L'affaire est arrangée ; je ne me plains plus de personne... au contraire, je suis content, je suis heureux, je suis au comble de mes vœux !

Les assistants ne pouvaient croire à un changement si subit, si extraordinaire. Les Anglais surtout ne revenaient pas de leur surprise ; plusieurs murmurèrent, et le teinturier dit d'un ton bourru, dans sa langue natale :

— Vous êtes bien libre... mais, la peste me crève ! la tache faite à la joue d'un gentleman ne s'efface pas aussi rapidement au souffle d'une dame jolie ou non !

— Cela n'est pas de ta compétence, maître Tom, répliqua Smithson en ricanant et en se frottant les mains, mais je vous expliquerai cela... En attendant, laissez passer ces pauvres fiévreux ; ce sont des ennemis trop au-dessous des francs lurons de Birmingham, comme vous !

Tout en parlant, il les poussait vers une autre partie de la cour, afin de débarrasser le passage. Ils n'obéissaient qu'à regret, ils jetaient des regards menaçants sur le groupe où se trouvait Alfred. Enfin ils s'éloignèrent et bientôt une bruyante altercation en anglais prouva qu'ils n'étaient pas tous de l'avis de Smithson, au sujet du point d'honneur.

Pendant ce temps, Thérèse s'était rapprochée du comte de Précigny, surpris et presque mécontent de l'issue de cette scène.

— Fuyez, monsieur, dit-elle rapidement, ils peuvent se raviser, ils peuvent revenir et alors... Emmenez-le, ajouta-t-elle en s'adressant à Nicolas, et conseillez-lui d'être prudent désormais... si c'est possible !

— Oui, partons, répliqua Nicolas ; nous sommes impatients de nous trouver hors d'ici..,

La porte roula péniblement sur ses gonds; on aperçut la campagne et le vaste étang, cause première de cette agitation.

Alfred sortit enfin de l'espèce de stupeur où il était plongé.

— Ah! mademoiselle, dit-il à demi-voix en s'inclinant, que de reconnaissance ne vous dois-je pas pour ce dernier service? Vous m'avez épargné un poignant remords pour le reste de ma vie!... La leçon a été sévère, bien sévère... elle me servira désormais.

— S'il en est ainsi, monsieur, répliqua Thérèse avec mélancolie, je ne regretterai pas le sacrifice qu'elle m'aura coûté!

— Mademoiselle, me permettriez-vous du moins de vous demander par quel moyen vous êtes parvenue à appaiser Smithson? Je ne comprends pas...

— Rien n'est plus simple, répondit Thérèse en baissant les yeux d'un air de pudeur; depnis longtemps M. Smithson sollicitait ma main, je la lui avait toujours refusée... tout-à-l'heure je lui ai promis, s'il apaisait cette émeute et s'il s'engageait à oublier son offense, que je l'épouserais dans un an à pareil jour...

Alfred tressaillit, mais il ne prononça pas une parole; seulement son regard s'attacha sur Thérèse avec une expression de douleur indicible.

— Ne me plaignez pas trop, ajouta-t-elle en souriant d'un sourire espiègle et enfantin, le sacrifice n'est pas aussi grand qu'il le paraît... J'ai promis à Smithson de l'épouser dans un an, et avant un an, je serai morte. Adieu.

Elle s'élança vers le pavillon et elle disparut aussitôt.

Alfred n'avait eu ni la force ni la volonté de la retenir; il était anéanti, accablé sous le poids de tant d'émotions. Nicolas le prit par le bras et l'entraîna hors de l'enceinte de la manufacture. Les villageois allaient et venaient autour de lui, lui adressait des propos joyeux, des félicitations ; il ne voyait, n'entendait rien, il ne prononçait pas une parole.

Au moment où l'on traversait la chaussée de l'étang, quelqu'un perça la foule qui l'environnait et lui toucha l'épaule : il se retourna ; c'était M. Laurent.

— Monsieur le comte, dit le manufacturier d'un ton grave, ce qui vient de se passer a dû vous inspirer comme à moi de sérieuses réflexions; une lutte qui commence ainsi doit nous effrayer l'un et l'autre! permettez-moi donc de vous demander une entrevue afin que nous puissions débattre nos intérêts réciproques avec plus de calme et de réflexion qu'aujourd'hui.

— Je serai à vos ordres, monsieur, répondit Alfred avec effort.

— Nous nous reverrons donc bientôt?

— J'irai vous trouver à la manufacture.

— Non, non, monsieur le comte; pour votre sûreté personnelle, je vous prie de n'en rien faire... Il y aura moins de danger pour moi à aller vous visiter à la ferme, et sans aucun doute, lorsque nous nous connaîtrons mieux, nous nous estimerons davantage.

Ces dernières paroles furent prononcées d'un ton mystérieux; Alfred fit un signe d'assentiment froid et réservé. Puis les deux adversaires se saluèrent cérémonieusement et s'éloignèrent dans des directions opposées. M. Laurent entra chez lui, tandis que Précigny, sombre et pensif, reprenait le chemin du village, entouré de la population qui lui faisait comme un cortége triomphal.

XI

Quelques jours s'écoulèrent ; tout été rentré dans l'ordre au village de Précigny et à la manufacture. La fièvre avait aussi ralenti ses ravages, soit que les approches de l'hiver eussent diminué sa malignité, soit que la confiance des habitants de la commune dans leur intrépide ami eut déjà relevé leur énergie morale. L'enthousiasme était toujours à son comble parmi les paysans; on exaltait outre mesure la conduite d'Alfred lors de sa première visite à l'usine de M. Laurent; ce soufflet donné à l'homme, qu'à tort ou à raison, on accusait d'être le principal auteur des maux du pays, excitait au plus haut point l'admiration, car le peuple, aigri par la souffrance, approuve aisément les procédés violens. La vivacité du comte semblait donc du plus favorable augure pour l'avenir; on croyait ne pouvoir mettre trop d'espoir dans un défenseur si passionné.

Cependant Alfred n'éprouvait pas la même admiration pour son acte d'emportement. Quand il n'était pas sous l'influence de la colère, son caractère loyal, son esprit juste et droit lui permettaient d'apprécier sainement les choses et les hommes. Il voyait donc avec douleur la précipitation, l'étourderie même qui avait dirigé sa conduite dans cette affaire; il ne pouvait songer sans frémir à l'effroyable conflit causé par son imprudence et qui avait été sur le point de faire couler du sang.

Depuis les événements dont la manufacture avait été le théâtre, il était resté enfermé chez lui, sans venir au village jouir des bénéfices de sa popularité. Peut-être réfléchissait-il mûrement, dans la solitude, aux moyens de mener à bien la grande entreprise dont il avait accepté la haute direction; peut-être aussi avait-il quelque peine secrète qui lui rendait le recueillement nécessaire. Toujours est-il qu'il n'avait pas quitté une seule fois sa demeure pour aller à la chasse, son plaisir favori. En revanche, le vieux Nicolas, Mathurin et d'autres notables habitants du pays se réunissaient chez lui chaque jour : on colportait de maison en maison, dans le village, des pétitions, des certificats, des listes à signer; enfin tout annonçait que le jeune protecteur, quoiqu'invisible pour le vulgaire, comptait donner une prompte et vigoureuse impulsion aux intérêts pressants dont il était chargé.

Un matin, Alfred achevait tristement son déjeuner dans un cabinet de verdure, au fond du jardin de la modeste ferme qu'il habitait. Un seul bâtiment servait à la fois de demeure au propriétaire et au fermier. Deux petites pièces propres et commodes, mais sans élégance, composaient l'appartement du dernier héritier des seigneurs de Précigny. Cependant les abords de la ferme, tenus avec un soin extrême, témoignaient de la présence d'un maître délicat. Dans la petite cour, formée par les granges et les étables autour du bâtiment principal, on n'apercevait rien de nature à offenser la vue ou l'odorat, particularité rare dans les exploitations rurales de tous les pays. L'habitation elle-même occupait une position agréable au pied d'un coteau couvert de vignes et couronné par les ruines noires du château de Précigny. A travers les arbres, on voyait briller au loin un embranchement de cet étang pestilentiel, si fatal au pays; mais la ferme se trouvait à une distance trop grande pour ressentir sa fâcheuse influence. Des prairies verdoyantes, des enclos remplis d'arbres fruitiers, des champs bien cultivés s'étendaient à l'entour. Enfin, le domaine était petit, mais d'un bon rapport, et l'aspect en était riant et paisible.

Le comte avait pris place sur un banc rustique à l'extrémité d'un petit parterre fleuri qu'il cultivait de ses propres mains. Devant lui, sur une table de pierre moussue, provenant de la démolition du château, se trouvaient encore les restes de son simple et frugal repas. Un soleil chaud, sans avoir les ardeurs de l'été, se jouait dans le feuillage mobile au-dessus de sa tête. Le bourdonnement des abeilles dans les fleurs du parterre, invitait à la rêverie.

Alfred, le front appuyé sur sa main, se laissait aller à ses méditations. Parfois ses yeux se tournaient vers ces ruines sombres de la colline voisine, tristes débris qui devaient lui rappeler tant de souvenirs; mais le plus souvent ils s'arrêtaient avec fixité sur une partie de l'horizon cachée par un rideau d'arbres. Là étaient le village de Précigny, la manufacture; là se trouvaient des personnes qui occupaient maintenant toutes les pensées, tous les souvenirs d'Alfred de Précigny!

Son regard distrait tomba enfin, par hasard, sur un chemin ou plûtôt un sentier qui longeait le pied de la colline. Un voyageur dont, à cause de la distance, on ne pouvait distinguer ni le costume ni les traits, venait de descendre de cheval et s'entretenait avec un petit paysan occupé à garder une vache dans cet endroit écarté. Bientôt l'inconnu donna au pâtre la bride de sa monture, ôta ses grosses bottes de voyage, et, après avoir fait certaines recommandations à l'enfant, il marcha rapidement vers la ferme.

En tout autre moment, le comte se fût étonné de voir un étranger s'arrêter en pareil lieu, et il eût cherché la cause de ces allures mystérieuses; mais absorbé par ses réflexions intérieures, il ne donnait pas une attention sérieuse à ce qui se passait autour de lui. Cependant, quand la vieille paysanne, qui pour un humble salaire s'était chargée du soin de le servir, vint annoncer qu'un *Monsieur* désirait lui parler sur-le-champ, il manisfesta un vif étonnement.

— Et qui est cette personne, Marianne? demanda-t-il; la connaissez-vous?

— Non, monsieur ; elle n'est pas du pays, pour sûr, car je connais tout le monde à deux lieues à la ronde... C'est un vieux bourgeois de la ville.

— Au moins vous a-t-il dit son nom ?

— Quand je le lui ai demandé, il m'a répondu en riant que son nom ne faisait rien à l'affaire... C'est un assez drôle de corps ! il prétend qu'il a des choses importantes à vous communiquer.

— C'est singulier ! Je n'attends ce matin que Nicolas et ses amis... Il y a sans doute ici quelque méprise, et je serais fâché d'être dérangé en ce moment par un importun. Allez dire à cet étranger...

— Par ma foi, monsieur, interrompit Marianne en regardant derrière elle ; volontairement ou non, il vous faudra le recevoir...

Il m'a suivie, et le voilà qui vient... Il est tout de même sans gêne, ce monsieur! Entrer ainsi chez les gens, sans savoir si l'on sera content.

Alfred se retourna vivement; le voyageur en effet traversait le jardin et s'avançait vers le berceau de verdure. C'était un petit vieillard vert encore, quoique très-voûté, à la démarche inquiète et furtive. Il était entièrement vêtu de noire, à l'ancienne mode ; grande redingote, culotte courte, bas de laine et souliers à boucles que ses bottes de voyage avaient soigneusement préservé du contact de la poussière. Pardessous son chapeau il portait un bonnet de soie noir bien tiré sur les oreilles. On eut pu à son costume le prendre pour un ecclésiastique ; mais sa mine de furet, ses yeux perçants décélaient un homme adonné depuis longtemps aux intérêts les plus terrestres et les plus mondains. Tout en marchant, il regardait à droite et à gauche, comme s'il eut craint quelque péril dans cette maison inconnue.

Alfred, malgré son mécontentement ne put s'empêcher de ressentir un peu de curiosité. Il ordonna à la gouvernante de s'éloigner, et il alla lui-même au devant de l'étranger. Dès qu'il fut à portée, celui-ci ôtant son chapeau, s'inclina deux ou trois fois fort bas et précipitamment.

— Excusez-moi, monsieur, dit-il d'une voix nasillarde et avec volubilité, j'entre sans dire gare, mais vous ne vous en plaindrez pas, j'en suis sûr.

— Je l'espère, monsieur; cependant...

— Cependant j'aurais pu attendre patiemment votre volonté, n'est-ce pas ?... C'est pour votre bien. Monsieur, c'est pour votre bien, certainement... Mais nous serons mieux ici, dans ce jardin, pour causer; les murs ont des oreilles, comme on dit, et puis, s'il faut l'avouer, je serai plus tranquille.

Alfred écoutait d'un air stupéfait cet intrus qui en agissait si familièrement. Le petit vieillard au bonnet de soie noire ne parut pas s'apercevoir de sa surprise; il tira de sa poche un mouchoir d'une blancheur douteuse et il essuya son visage baigné de sueur.

— Sans doute, monsieur, reprit-il, c'est au fils du comte de Précigny que j'ai l'honneur de parler ?

— Depuis longtemps, monsieur, répliqua Alfred avec une teinte légère de mélancolie, il n'y a plus d'autre comte de Précigny que moi.

— C'est ce que je voulais dire... Enfin vous êtes actuellement le seul héritier de l'ancienne famille, n'est-ce pas ?

— L'héritage n'est pas considérable, monsieur, de l'endroit où nous sommes, vous pouvez voir tout ce qu'il me reste des immenses propriétés de mes ancêtres.

— On ne m'avait pas trompé, interrompit le voyageur en regardant autour de lui ; en effet, on n'a pas l'air de rouler sur l'or par ici... Eh bien ! tout cela va changer, monsieur, ajouta-t-il en grimaçant un sourire ; oui, tout cela changera, si vous voulez m'écouter un moment !

— Mais, monsieur, puis-je au moins savoir le nom...

— Mon nom, mon nom ! Si je vous disais que je m'appelle Thomas ou Barnabé en seriez-vous plus avancé ? Un nom ne prouve rien en affaire... Mais asseyons-nous, car, en vérité, je suis bien las.

En même temps, il entra en grommelant dans le cabinet de verdure et s'assit sur le banc. Le comte, émerveillé de ce sans gêne inexplicable, prit place à côté de l'étranger, qui continuait de s'essuyer le front, peut-être pour cacher ses traits.

— Monsieur vient de loin sans doute ?

Le vieillard au bonnet de soie noire resta un moment sans répondre.

— Oui... non... hein ! babultia-t-il ; mais j'ai grand chaud et mon âge me donne quelques priviléges... je vous demanderai donc la permission de garder mon chapeau !

Et il se coiffa d'un large chapeau qui, avec son bonnet de soie, lui couvrait une partie du visage.

Alfred attendait patiemment qu'il plût à ce singulier personnage d'expliquer le sujet de sa visite. Après s'être mis à l'aise et avoir regardé avec soin autour de lui, celui-ci, rassuré sans doute, reprit avec sa volubilité ordinaire :

— Je vous disais, monsieur, que j'avais une importante révélation à faire au comte de Précigny !

— Le comte de Précigny vous écoute.

— Eh bien ! reprit le vieillard en baissant la voix, j'irai droit au fait... Sachez donc, monsieur, qu'il existe *quelque part*, entre les mains de *quelqu'un*, certains papiers qui intéressent fort la famille de Précigny....

Ces papiers prouvent *certaines choses* et il dépend de vous, monsieur, de les avoir à votre disposition.

Alfred ouvrait de grands yeux ne sachant où tendait ce langage obscur et entortillé.

— Quand je dis que ces papiers existent, continua l'homme au bonnet de soie noire, je devrais dire : Pourraient exister, car j'ai à cet égard des données très-incertaines, la personne qui m'emploie ne m'ayant jamais rien affirmé positivement à ce sujet. Seulement, on pourrait faire des recherches, ou découvrir... non pas moi ! Je ne suis qu'un intermédiaire, un simple intermédiaire : je vous prie de le croire ! je n'aurais garde de retenir des pièces qui ne m'appartiendraient pas ; je craindrais trop de me compromettre... mais supposez un moment que ces papiers existent, qu'ils soient déposés en mains sûres et qu'ils puissent vous être remis à certaines conditions...

L'inconnu jeta un regard oblique sur son interlocuteur pour juger de l'effet de cette ouverture. Un étonnement naïf se peignait sur le visage du comte :

— Je ne vous comprends pas, monsieur, répondit-il; si des actes importants pour moi sont entre vos mains ou entre celles de toute autre personne, je ne vois pas quel intérêt l'on aurait à les garder.

— Ils ne sont pas entre mes mains, répliqua l'inconnu avec vivacité, n'ayons pas de malentendu sur ce point... Je ne sais même s'ils existent en réalité, je vous le répète; on peut m'avoir induit en erreur... Cependant, si l'on venait à découvrir des pièces de nature à vous faire rentrer en possession d'une bonne partie de votre ancien patrimoine, ne seriez-vous pas disposé à vous montrer reconnaissant envers la personne qui aurait opéré leur restitution ?

— Je commence à voir où tendent vos paroles... Ces papiers qui m'appartiennent on voudrait me les vendre, n'est-ce pas cela ?

— Vendre! monsieur, vendre! le mot est bien dur... Il ne faut pas envisager la question à ce point de vue. Admettez un moment avec moi que ces papiers soient des titres de cession, des actes de limitation, et que par leur moyen vous puissiez revendiquer de vastes terrains aujourd'hui possédés par d'autres ; dans ce cas ne trouveriez-vous pas juste d'indemniser la personne qui, à ses risques et périls, les aurait détenus par devers elle, ou qui pour se les procurer aurait fait des démarches coûteuses, des voyages, des sacrifices d'argent?

— Dans ce cas-là, ce serait une indignité à moi de ne pas me montrer reconnaissant envers la personne dont vous parlez.

— Bien, répliqua le petit vieillard avec satisfaction.

Cependant il hésita encore avant de risquer une proposition plus claire.

— Bah! reprit-il d'un ton joyeux, nous nous entendrons facilement, je commence à le croire... Eh bien! seriez-vous prêt à signer une reconnaissance de dix mille francs à celui qui vous remettrait ces papiers? Les terres dont il s'agit valent six fois cette somme.

— Dix mille francs?

— Pas un centime de moins... et pour votre sûreté, ces dix mille francs seraient exigibles seulement après votre envoi en possession des domaines à revendiquer... Hein! j'espère que l'on serait accommodant?

Alfred se leva avec indignation.

— Et vous me croyez capable, dit-il d'un ton sévère, de consentir à un pareil marché, de tremper, fût-ce pour obtenir une immense fortune, dans une ignoble spéculation?

L'inconnu se renversa en arrière, stupéfait de cet éclat de colère auquel il ne s'attendait pas.

— Mais, balbutia-t-il, n'étiez-vous pas disposé à indemniser.

— Ne comprenez-vous pas la différence

qu'il y a entre une rénumération libre, loyale, consentie avec connaissance de cause, et une coupable transacfion où une prime serait extorquée par l'injustice, la mauvaise foi, la duplicité?... Non, monsieur, je ne me laisserai imposer aucune condition. Si ces papiers sont à moi qu'ils me soient rendus ; si je n'ai aucun droit sur eux, ils me sont inutiles et je n'en veux pas.

Le petit vieillard ouvrait des yeux effarés, ne pouvant croire à la possibilité de ce désintéressement chevaleresque.

— Un moment! monsieur, un moment ! reprit-il, vous ne m'avez pas compris sans doute... les pièces dont il s'agit établissent d'une manière nette, positive, vos droits sur des domaines considérables... Tout cela s'est fait dans l'année 93, où, comme vous le savez, les affaires publiques et privées étaient mal en ordre; il y a eu à cette époque bien des transactions irrégulières sur lesquelles on est revenu depuis. Vos droits sont certains, indubitables; pour vous vous ne voudrez pas pour une bagatelle de dix mille francs...

— A votre ton d'assurance, monsieur, interrompit Alfred en l'enveloppant d'un regard froid et inquisiteur, on croirait que vous avez vu ces papiers, que vous en avez étudié le sens... et qui sait? peut-être les avez-vous en ce moment sur vous.

Le petit vieillard se leva en tressaillant.

— Non, non, monsieur, s'écria-t-il avec chaleur, je ne les ai pas... Ma parole d'honneur ! je ne les ai pas... on ne porte pas des pièces de cette valeur avec soi quand on ignore... Mais voyez à quoi on s'expose par une complaisance excessive! continua-t-il d'un ton dolent en levant les yeux au ciel; je suis étranger à cette affaire, moi; je voulais seulement vous obliger vous et *l'autre personne* dont je vous ai parlé; cependant me voilà, moi honnête homme, en butte à des soupçons...

— N'êtes-vous exposé qu'à des soupçons! répliqua Alfred d'un ton menaçant; vous m'en avez dit assez, monsieur, pour que je doive vous croire dépositaire de ces papiers détournés frauduleusement à mon préjudice; je serais donc en droit de vous retenir ici jusqu'à ce que je sache qui vous êtes, d'où vous venez et si vous n'êtes pas vous-même l'auteur de l'indigne spéculation dont on veut me rendre victime !

L'homme au bonnet de soie noire semblait de plus en plus mal à l'aise. Son front ruisselait de sueur ; il regardait autour de lui d'un air d'angoisse et ses yeux se tournaient plus particulièrement vers une petite porte du jardin qui donnait sur la campagne.

XII

Alfred eut enfin pitié de lui.

— Rassurez-vous, monsieur, reprit-il plus doucement; il me répugnerait d'exercer des violences contre une personne venue chez moi de son plein gré. Je dois vous con-

sidérer comme mon hôte en ce moment...
Vous êtes donc libre de vous éloigner ; vous
ne serez ni inquiété ni poursuivi. Seulement
retenez bien ceci : votre démarche imprudente m'a donné l'éveil sur des intérêts dont
je n'avais aucune idée ; aussitôt que j'aurai
rempli des devoirs qui absorbent actuellement tout mon temps et qui doivent passer
avant mes affaires personnelles, je prendrai
des informations, je commencerai d'actives
recherches... Alors je vous retrouverai sans
doute, et vous ne devrez pas être surpris si je
vous demande un compte sévère de vos singulières révélations!

Le voyageur parut pleinement rassuré
par ce langage franc et mesuré.

— Voilà ce qui s'appelle déclarer noblement la guerre, répliqua-t-il en souriant d'un air un peu moqueur. Eh bien! soit; vous chercherez, monsieur de Précigny, et si vous me retrouvez... Mais, je vous le jure, vous me traitez avec trop de rigueur ; j'agissais dans votre intérêt...

— Et dans le vôtre aussi je pense.

— Mais je ne me rebute pas ainsi au premier mot, continua l'inconnu sans répondre à cette observation ; chez les jeunes gens surtout, le premier mouvement est toujours mauvais. En réfléchissant à ma proposition, j'en suis sûr, vous changerez d'avis... Dans ce cas, une simple note, conçue en termes convenables et envoyée au journal du département, me ferait accourir ici : nous traiterions aux mêmes conditions.

— Et ne craindriez-vous pas, Monsieur,

que cet avis ne fût un piége pour vous forcer à vous trahir vous-même?

— Je sais bien à qui je m'adresse, dit le petit vieillard en hochant la tête; j'ai pris des informations; le comte de Précigny serait incapable d'une pareille déloyauté, même envers un ennemi... C'est pour cela que j'ai voulu m'entendre avec vous de préférence à d'autres, plus riches peut-être, mais moins honnêtes et surtout moins désintéressés.

Le comte ne sembla pas tout à fait insensible à ce compliment qui, dans les idées du vieillard, était peut-être une épigramme.

En cet endroit de la conversation, Marianne, toute essoufflée et haletante, accourut de l'extrémité du jardin en faisant à son maître des signes multipliés.

— Qu'y a-t-il donc, Marianne? demanda-t-il.

— Eh! Monsieur, le maire de là bas... vous savez? le maître de la manufacture...

— Eh bien?

— Il vient d'arriver en voiture avec sa fille... Ils demandent à vous voir.

— Mademoiselle Laurent... ici... chez moi! dit Alfred en rougissant.

— Je ne resterai pas ici une minute de plus, grommela le vieillard au bonnet de soie noire avec une grande anxiété. Laurent! le vieux madré, l'homme aux yeux de lynx! Que diable vient-il faire ici! on m'avait assuré que vous étiez brouillés ensemble!... Il ne faut pas qu'il me voie, il serait capable... Adieu, adieu, Monsieur de Précigny; souvenez-vous de ma proposition... dix mille francs... une note dans le journal du département... Allons! à revoir; ne vous dérangez pas, ne me reconduisez pas... Je vous présente mon respect!

Il gagna, en trotinant, la petite porte du jardin, l'ouvrit, et disparut dans la campagne.

A mesure qu'il s'éloignait, sa taille voûtée se redressait et semblait grandir, son pas devenait ferme, rapide, enfin, le soi-disant vieillard prenait toutes les allures d'un homme sain et vigoureux; mais le comte ne songeait pas à faire de pareilles observations. Il s'était à peine aperçu du départ de l'étranger, tant la visite de M. Laurent et de sa fille, visite à laquelle cependant il devait être préparé, l'avait bouleversé. La servante attendait ses ordres, toute surprise de son agitation.

— Eh bien, va les recevoir, reprit-il brusquement; dis à Pierre... Mais non, j'y vais moi même... je les recevrai ; oui, je les recevrai, pourquoi non?

Il s'avança vers la maison ; mais à peine avait-il parcouru la moitié du trajet, qu'il entendit Marianne s'écrier d'un ton grondeur :

— Par ma foi! tout le monde entrera aujourd'hui à la ferme comme dans une église... Voici encore M. le maire et sa demoiselle qui viennent de ce côté! On voudrait se cacher, qu'on ne le pourrait pas.

Le comte leva les yeux; M. Laurent et Thérèse, sur l'indication d'un valet de ferme, venaient en effet le joindre au jardin.

Laurent était en costume de cérémonie, c'est-à-dire en habit noir, en gilet blanc, en chapeau et en souliers de castor; il donnait le bras à sa fille, dont le visage était couvert d'un voile de gaze pour la garantir du soleil.

Alfred les atteignit bientôt et les salua avec une politesse pleine de trouble.

— De grâce, ne vous dérangez pas pour nous, dit le manufacturier d'un ton empressé et amical qui ne lui était pas ordinaire; recevez-nous ici en bons voisins. Quel salon vaudrait ce cabinet de verdure?

— Ce ne serait pas le mien en effet, dit Alfred avec mélancolie; mais je crains que mademoiselle...

— Thérèse a toujours aimé le grand air... Ne soyez point surpris, monsieur le comte, de me voir accompagné d'elle; mais pour venir ici, il me fallait traverser le village de Précigny, et, vous le savez, les paysans sont mal disposés pour moi... Elle a désiré me suivre pour me servir de sauve-garde.

— Ce n'est pas seulement pour vous que mademoiselle Thérèse est un ange gardien, répliqua le comte avec âme, en saisissant la main de la jeune fille, qu'il osa presser doucement.

On prit place sur les bancs rustiques; le comte, assis en face de Thérèse, la comtemplait avec une profonde admiration. Mademoiselle Laurent avait levé son voile; la marche, et peut-être une émotion secrète, avaient donné une légère teinte rosée à ses joues pâles. Elle baissa les yeux sous le regard ardent d'Alfred.

Pendant ce temps, M. Laurent semblait chercher les moyens d'entamer une question délicate. Comme nous l'avons dit, il affectait un air d'entrain et de cordialité fort opposés à sa froideur habituelle. En revanche, plus il se montrait bienveillant et expansif, plus Thérèse semblait grave et réservée, comme si elle eût voulu, par sa contenance morne, mettre le loyal Alfred en garde contre l'habileté bien connue de son père.

— Ma démarche actuelle, monsieur le comte, reprit le manufacturier avec bonhomie, vous prouve combien j'ai à cœur d'effacer tout souvenir de discorde entre nous... Vous le voyez, je viens chez vous sans cérémonie avec ma petite Thérèse, pour causer amicalement de nos affaires. J'ose espérer que cette façon d'agir ne vous déplaira pas.

Alfred ne pouvait s'empêcher de répondre convenablement à cette ouverture pacifique.

— Monsieur, dit-il avec effort, je serais désolé d'avoir paru agir en ennemi personnel de M. Laurent... Des motifs désintéressés ont été le mobile de tous mes actes, même de ceux qui pourraient être répréhensibles.

— Je le sais, monsieur le comte, et je n'ai pas été insensible à vos élans de générosité ; car enfin, vous étiez devenu étranger à ces malheureux paysans ; vous ne les connaissiez plus et peut-être aviez-vous conservé le souvenir de leur ingratitude envers votre famille au temps de la révolution ! Oui, vraiment, j'ai admiré votre dévoûment tout-à-fait digne d'une autre époque. Mais convenez, de votre côté, que vous avez poussé ce dévoûment un peu loin, que vos procédés pour arriver à la réparation de vos griefs auraient pu, au contraire les aggraver.

— Pourquoi me rappeler mes fautes? monsieur. Je les ai déjà bien cruellement expiées!

Sa voix s'altéra, la jeune fille fit un geste de malaise.

— Allons, monsieur le comte, reprit le manufacturier avec un accent de satisfaction, j'aime à voir un jeune homme reconnaître ses torts; je vous estime encore davantage après cet aveu... Mais n'ayez aucune inquiétude sur les suites de votre équipée; tout est déjà réparé. Smithson a entendu raison et retrouvé son humeur paisible. Ces coquins d'Anglais qui m'ont donné tant de mal ont repris leurs travaux; j'aurais bien voulu en congédier un ou deux pour l'exemple, car ils m'ont secoué un peu rudement ; mais que voulez-vous? les affaires avant tout; il me serait difficile de remplacer ces drôles; ce sont d'excellents ouvriers, d'ailleurs ils ont promis à leur chef d'être sages à l'avenir, et j'ai dû accorder une amnistie complète. Le seul résultat sérieux de tout ceci, c'est que Thérèse épousera Smithson, quand sa santé sera rétablie... Franchement, ce résultat ne me déplaît pas ; car Smithson seul est capable de prendre plus tard la suite de mes affaires et de me seconder en attendant.

Les deux jeunes gens baissèrent tristement la tête. Thérèse étouffa un soupir.

— A propos de ce mariage, continua le manufacturier en souriant, savez-vous, monsieur le comte, que je vous devrai en grande partie la satisfaction de le voir s'accomplir? Oui, Thérèse n'aimait pas ce pauvre garçon; elle avait toujours refusé son consentement à des projets que je caressais depuis long-temps; nous commencions à désespérer de la décider à ce mariage, lorsque cette sotte algarade est arrivée à la fabrique... Certainement, mes dangers personnels, la crainte de voir un combat dans la cour de la manufacture, ont influé pour beaucoup sur sa détermination subite ; mais, certainement aussi, le désir de mettre à l'abri de toute insulte le dernier comte de Précigny, l'héritier de cette ancienne famille dont madame Dumont lui avait conté tant de fois les prouesses et les belles actions, a exercé sur sa volonté une grande influence, n'est-il pas vrai, ma fille?

Thérèse balbutia quelques mots inintelligibles.

— Il est donc vrai, mademoiselle? demanda le comte d'une voix tremblante; j'ai été assez malheureux pour vous obliger à un sacrifice pénible...

— Peut-être, monsieur le comte, répliqua la jeune fille avec effort; je ne devais pas souffrir qu'un étranger venu à la fabrique dans une intention louable, fût maltraité par les ouvriers de mon père, mais...

— Vous le voyez, interrompit le manufacturier, comme s'il eût craint quelque réticence, la fille et le père ne sont pas animés de sentiments hostiles contre vous... Vous en avez eu la preuve dans la fatale circonstance dont nous parlons, car nous avons oublié l'un et l'autre jusqu'à notre sûreté...

— Aussi monsieur, s'écria Alfred chaleureusement, toute ma vie je me souviendrai des services que m'a rendus votre charmante fille! Au prix de mon sang, je voudrais pouvoir les reconnaître.

— Voilà qui est parler en véritable Précigny! répliqua Laurent avec une joie à peine contenue; ainsi donc, monsieur le comte, toutes ces fâcheuses discussions sont terminées? Entre nous, désormais, il n'y aura plus que des rapports d'estime, d'amitié...

Et il tendit la main.

Alfred tressaillit et parut sortir d'un profond sommeil. Jusqu'à ce moment, il n'avait songé qu'à Thérèse; pour elle seule il éprouvait une admiration profonde, une reconnaissance sans bornes. Rappelé à lui-même par le mouvement du manufacturier, il répondit avec une réserve pleine de dignité.

— De l'amitié, monsieur je serais heureux de pouvoir vous nommer mon ami, mais il m'est impossible de vous donner ce titre, tant que les habitants de Précigny n'auront pas obtenu justice... Agir autrement serait une lâcheté de ma part!

Le désappointement de M. Laurent fut visible.

— Encore ces paysans! dit-il en fronçant le sourcil; je pensais que vous ne songiez plus à eux et que le résultat malheureux d'une première démarche vous avait découragé?

— A Dieu ne plaise, monsieur. Des obstacles ne doivent pas me faire déserter une cause aussi sainte !

— Et il y a quelque indiscrétion à vous demander quels sont vos projets? demanda le manufacturier avec ironie.

— Non, monsieur, je ne prétends les cacher à personne, même à mes adversaires; je n'emploierai désormais que les voies légales... une pétition se signe en ce moment au village de Précigny; dès qu'elle sera prête, j'irai moi-même la porter à Paris.

— Quoi! vous allez partir? demanda Thérèse avec une vivacité peut-être involontaire.

Puis comme honteuse de cette question, elle tourna la tête et rabattit son voile sur son visage.

— Oui, mademoiselle, répliqua le comte

avec tristesse, je quitterai ce pays... pour quelque temps du moins... qui s'apercevra de mon absence? excepté peut-être ces malheureux dont je vais défendre les intérêts?

Thérèse étouffa un gémissement sous son voile. M. Laurent reprit du même ton ironique:

— Je m'explique maintenant ces actes, ces certificats, ces pièces de toute nature dont, en ma qualité de maire, j'ai dû légaliser ce matin les signatures... Mais, sans doute, monsieur le comte, vous avez à Paris des amis puissants sur lesquels vous comptez pour appuyer la demande de vos protégés !

— Non, monsieur, je n'ai pas d'amis... je ne compte que sur mon bon droit et sur la ferveur de mon zèle. Je présenterai les réclamations des habitants de Précigny aux pouvoirs de l'État, aux ministres, aux princes, au roi lui-même, s'il le faut; et sans doute ma voix sera entendue!

Laurent sourit d'un air railleur.

— Et vous croyez, reprit-il, que sous un gouvernement constitutionnel, le roi lui-même aurait qualité pour déposséder un propriétaire de sa maison, pour ruiner un des établissements industriels les plus importants de la province? En vérité, jeune homme, vous avez conçu une bien fausse idée de l'époque où vous vivez! le temps des pouvoirs absolus est passé; les gouvernements d'aujourd'hui sont souvent dans l'impuissance d'empêcher le mal ou de faire le bien... Je ne vous parle pas, vous le voyez, de mon influence personnelle, il ne m'appartient pas de vanter ma fortune, mon crédit, mes relations; vous sentez cependant qu'en acceptant la lutte contre vous, je devrai me servir de tous mes avantages... Je ne fais pas de vaine bravade; mais, sur mon honneur, vous échouerez... et, si vous étiez prudent, vous renonceriez à ce projet.

— Vous pouvez avoir raison, Monsieur; mais je ne dois pas revenir en arrière.

M. Laurent montra une grande agitation.

— Quel étrange intérêt avez-vous donc, reprit-il, de marcher avec opiniâtreté vers un but insaisissable? Quel lien vous unit à ces stupides paysans?... Parlez franchement, M. le comte; la raison de votre conduite ne serait-elle pas un sentiment de haine contre moi?

— Contre vous? et pourquoi...

— Que sais-je? parce que je suis riche, parce que j'ai été l'intendant de votre père, parce que je suis un parvenu enfin ! N'est-ce pas cela? avouez-le sans détours...

— Monsieur, lors même que vous auriez deviné juste, il me serait interdit en ce moment...

— Oh! ne vous gênez pas à cause de Thérèse, s'écria le manufacturier; elle-même ne m'épargne pas les sermons; je ne sais en vérité où cette enfant est allée puiser des idées aussi opposées aux miennes, à celles de sa caste... cette madame Dumont me l'a gâtée avec ses grands sentiments et ses façons de reine... Il y des moments où je croirais, si je ne la connaissais pas si bien, qu'elle rougit de moi !

— Ah! mon père! mon père! murmura Thérèse avec douleur.

— Cela n'est pas, ma fille, je sais que cela n'est pas... tu m'aimes, j'en suis sûr ; seulement tu voudrais me voir renoncer aux affaires et donner gain de cause à ces pauvres fiévreux du village... mais laissons cela. Puisque M. de Précigny est trop délicat pour me dire en face les causes de son antipathie, j'irai au devant de ses pensées... Avouez-le Monsieur, vous me supposez avide, égoïste, dur envers les pauvres, mesquin dans mes vues, inexorable dans mes volontés?

— Monsieur, je ne suis pas votre juge.

— Soyez mon juge, au contraire, j'y consens, je vous en prie! Je tiens à ce que cette entrevue éclaircisse vos doutes, simplifie nos positions respectives; votre estime m'est précieuse, monsieur le comte, et je voudrais la mériter sincèrement... Voyons, ne dissimulez aucun de vos griefs contre moi; je tiens à les connaître, parce que j'espère les anéantir. De tous ces griefs, le plus puissant, sans doute, est de me voir, moi, autrefois l'intendant, presque le domestique de votre père, possesseur d'une grande partie de votre héritage, tandis que vous vivez pauvre et obscur dans cette petite ferme, misérable débris de votre fortune.

— Je ne me suis jamais plaint de ma pauvreté à personne.

— Sans doute, mais cette pauvreté a dû me frapper, moi l'acquéreur de la majeure partie de ces domaines, devenus propriété nationale... Ma richesse vous semble usurpée, vous me considérez presque comme un spoliateur de votre ancien patrimoine ; dites, monsieur le comte, cela n'est-il pas vrai ? N'avez-vous pas des doutes sur la légitimité de ma possession ? Ne sont-ce pas là les motifs de cette haine secrète que vous m'avez vouée ?

Alfred baissa la tête en silence. Le manufacturier le regarda fixement, et il reprit avec lenteur, en s'arrêtant après chaque mot.

— Eh bien ! monsieur, si j'avais moi-même ces doutes... si ma conscience n'était pas tranquille... si je ne me considérais pas comme propriétaire légitime de ces biens confisqués à votre famille ?

XIII

Le manufacturier se révélait sous un jour si nouveau, que le comte Alfred pouvait à peine en croire ses sens. Tout à coup le souvenir de sa conversation avec le petit vieillard en bonnet de soie noire, peu d'instants auparavant, lui revint à la pensée.

— Quoi donc? Monsieur, s'écria-t-il m'aurait-on dit vrai? y aurait-il des causes de nullité dans la vente de mes biens patrimoniaux? existerait-il, en effet, des actes qui me mettraient en droit de revendiquer une partie de mon héritage?

M. Laurent à son tour montra un grand étonnement mêlé de frayeur.

— De quels papiers parlez-vous? demanda-t-il d'une voix altérée.

Précigny raconta, en peu de mots, la visite et la proposition de l'inconnu. En apprenant comment le comte et l'étranger s'étaient séparés, M. Laurent parut respirer plus librement.

— Cet homme est un imposteur, reprit-il, un fripon qui spéculait sur votre inexpérience des affaires ; vous l'avez traité suivant ses mérites... Mais je le retrouverai; c'est mon devoir comme magistrat de rechercher l'auteur de ces indignes manœuvres ! Je ne connais absolument personne à qui le signalement que vous donnez puisse se rapporter... mais dès demain, dès ce soir, je bouleverserai le département pour découvrir cet effronté spéculateur; je vais mettre à ses trousses un fin matois de procureur qui le dépistera sûrement... Oui, oui, je le retrouverai !

Cette chaleur même eût pu faire supposer à Alfred que les révélations de l'homme au bonnet de soie noire avaient une certaine importance. M. Laurent s'en aperçut sans doute; il continua d'un ton plus posé :

— J'ai entendu dire, je crois, que des papiers relatifs à la vente des terres de Précigny, avaient été égarés... peut-être aussi certaines irrégularités se sont-elle glissées dans les actes, car à l'époque de la Terreur on n'y regardait pas de si près... mais j'en suis convaincu, monsieur, les assertions de ce mystérieux personnage sont fausses de tous points; en vous appuyant sur ces bases, vous ne sauriez réclamer, avec quelques chances de succès, les immeubles passés dans d'autres mains.

— Je suis très-disposé à vous croire, monsieur, car je vous sais aussi habile en actes judiciaires que je suis moi-même inexpérimenté; vous n'eussiez pas accepté une transaction illégale, et cette certitude m'a dès l'abord mis en défiance contre cet aventurier... mais, s'il en est ainsi, je ne comprends plus vos scrupules de tout à l'heure au sujet de la légitimité de votre possession...

— Quoi! êtes-vous assez étranger aux préoccupations actuelles de la France entière, pour ignorer combien peu ces idées sont nouvelles? Ignorez-vous réellement les inquiétudes auxquelles sont en proie les acquéreurs de biens nationaux! Sachez-le donc; on parle sérieusement de proposer une loi pour revenir sur ces ventes faites au préjudice de la noblesse émigrée; bien des propriétaires s'attendent, comme moi, à une mesure de cette espèce... Eh bien! supposez que ma conscience d'honnête homme soit allée au devant des prescriptions de cette loi, si jamais elle doit être rendue; supposez que je veuille prendre l'initiative, restituer de bonne volonté ce que l'on pourrait plus tard m'arracher par force...

— Quoi! monsieur, vous consentiriez!..

— A faire estimer de nouveau les terres, aujourd'hui en ma possession, provenant de votre famille, dit M. Laurent, d'un air simple et grave, et à vous rembourser immédiatement la différence... Oui, monsieur le comte, je suis prêt à accomplir cet acte de justice ; dites un mot, et une aisance honorable, digne de vous et du nom que vous portez, remplacera votre pauvreté présente.

Alfred se leva convulsivement ; il était pénétré d'admiration et de gratitude. Ses préjugés, sa haine tout tomba à la fois devant ce merveilleux désintéressement. Déjà il tendait la main au manufacturier.... En ce moment, il regarda Thérèse. La jeune fille qui, jusque là, était restée morne et pensive, se redressa tout-à-coup et lui lança un coup-d'œil d'une éloquence irrésistible.

Le comte hésita, puis il se retira vivement en arrière :

— Non, non, s'écria-t-il, c'est un piége !

On commence à me craindre et on veut m'empêcher de remplir mes engagements envers les habitants de Précigny ! On veut m'acheter... à prix d'or...

— Vous ai-je imposé des conditions? répliqua M. Laurent avec véhémence. Ne serez-vous pas libre de poursuivre vos projets comme auparavant? d'où vient donc cette injurieuse défiance?.... Monsieur le comte, en vous proposant cette restitution, je n'ai eu qu'un but : acquitter envers le fils une dette de reconnaissance contractée autrefois envers le père, tout en appaisant mes scrupules personnels, tout en assurant mes droits, encore douteux peut-être, sur des propriétés achetées au-dessous de leur valeur... Cette proposition, je vous l'eusse faite, il y a longtemps déjà, à l'époque de votre retour ici : mais votre froideur, votre fierté me froissèrent dès ma première visite et m'obligèrent à ajourner l'accomplissement de mes bonnes intentions. Acceptez donc sans crainte ; vous ne me devrez pas même de reconnaissance, si la reconnaissance vous est importune !

Le comte était fort agité.

— Vous pouvez être sincère, monsieur, dit-il d'une voix émue, et peut-être devrais-je me montrer plus digne de votre généreux procédé... Mais ma conscience, à moi, me défend d'accepter de vous aucune faveur, de contracter envers vous aucune obligation volontaire. J'ignore si une équité rigoureuse vous commande cette restitution; pour moi, dans la position exceptionnelle où je suis, je dois repousser votre initiative. Du moment où je me considérerais comme votre obligé, je serais un monstre d'ingratitude si je poursuivais mes projets contre vous... je ne veux pas être ingrat !

M. Laurent levait les mains et les yeux au ciel comme s'il ne pouvait croire à cet excès de délicatesse.

— Mais c'est de la folie, cela ! s'écria-t-il hors de lui; par pitié pour vous-même, jeune homme, réfléchissez... On ne renonce pas ainsi de gaieté de cœur à une grande fortune; la différence que j'aurais à vous payer s'élèverait au moins à cinquante mille écus!

— Ce serait, en effet, une fortune de prince, monsieur, eu égard à ma misère actuelle; mais je n'ai pas besoin de réfléchir, mon parti est pris... Je ne me séparerai pas de ces malheureux paysans qui ont mis en moi toute leur confiance. Desséchez ce fatal étang qui répand la peste dans la contrée, monsieur, et je serai plus satisfait que si vous m'aviez rendu les vastes domaines de Précigny !

— Voilà qui est impossible, dit le fabricant d'un ton saccadé en se levant; vous me demandez un sacrifice au-dessus de mes forces... Cette usine est mon orgueil et ma joie; j'aimerais mieux mourir... Tu le vois ma fille, continua-t-il en s'adressant à

Thérèse, il a repoussé toutes mes avances, toutes mes prières, toutes mes offres; la paix n'est pas possible entre nous!

— J'avais prévu ces refus, mon père, répliqua mademoiselle Laurent avec un sourire d'admiration; je vous le disais bien, l'intérêt n'est rien pour les hommes comme lui!

Il y eut un moment de silence.

— Allons, mon enfant, reprit le manufacturier en se préparant à partir, il ne nous reste plus rien à faire ici... J'espérais que le souvenir de notre dévouement, dans une circonstance récente, aurait produit quelque impression sur monsieur de Précigny, j'espérais que mes propositions loyales auraient achevé de déraciner ses préventions contre nous; je m'étais trompé... Il préfère à notre amitié, la reconnaissance douteuse de ces paysans qui ont brûlé ou laissé brûler le château de son père... Il veut la guerre ; sachons donc nous résigner à être ses ennemis.

Alfred tressaillit et attacha un regard de feu sur Thérèse.

— Mes ennemis ! répéta-t-il avec âme ; oh ! mademoiselle, vous qui avez été pour moi si généreuse, vous, du moins, me regarderez-vous comme un ennemi ?

— Quiconque s'attaque à mon père, répliqua mademoiselle Laurent avec douceur, en baissant les yeux, ne saurait attendre de moi une approbation. Cependant...

— Achevez, de grâce !

— Eh bien, si mon père, par des considérations qu'il ne m'appartient pas de juger, reste opiniâtrement dans la limite de son droit, je ne dois pas être surprise de voir le comte de Précigny défendre aussi avec constance la cause du pauvre et de l'opprimé!

Le visage du comte s'empourpra de plaisir.

— Oh! merci, mademoiselle, murmura Alfred, merci pour cette bonne parole!... Il m'eût été si douloureux d'encourir votre haine!

Thérèse se rapprocha de son père avec inquiétude, comme si elle eut craint de l'avoir blessé par un excès de franchise. Mais le manufacturier ne l'avait pas même entendue. Son regard inquisiteur allait de l'un à l'autre des deux jeunes gens avec rapidité; un sourire étrange se jouait sur ses lèvres.

Alfred et la jeune fille rougirent dès qu'ils s'aperçurent de cet examen et se détournèrent avec embarras; il était trop tard; Laurent avait déjà pénétré leur secret.

En ce moment plusieurs personnes entrèrent dans le jardin, et, sur les indications de Marianne, se dirigèrent vers le berceau de verdure; elles venaient fort à propos pour interrompre un silence pénible. C'était Nicolas, Mathurin et d'autres habitants du villags. Ils semblaient inquiets; Nicolas tenait à la main une liasse de papiers :

— Allons! monsieur le comte, reprit le manufacturier d'un ton léger, voici vos protégés qui vous réclament; je ne vous retiendrai pas plus longtemps... Toute réflexion faite, cette entrevue n'aura pas été entièrement sans résultat... Vous repoussez la paix maintenant, mais j'ai l'espoir que la guerre ne sera pas éternelle... Patience!... mais partons, ma fille.

Il hocha la tête en souriant toujours, puis prenant le bras de Thérèse, il s'achemina vers l'extrémité du jardin. Alfred invita les paysans à l'attendre pendant qu'il accompagnerait les visiteurs jusqu'à leur voiture. Les pauvres gens se rangèrent d'un air sombre, et il sembla à Laurent qu'ils jetaient sur lui des regards de haine. Mais, sans s'arrêter à ces signes d'inimitié silencieuse, il passa en touchant légèrement son chapeau ; les campagnards se découvrirent avec respect devant Thérèse.

Au moment de monter dans la voiture qui l'attendait devant la porte de la ferme, le manufacturier se tourna vers Alfred.

— Monsieur le comte, dit-il d'un ton amical, encore une fois, prenez quelques jours pour penser à mes propositions... Ne vous hâtez pas de partir... Je suis sûr de vous convaincre, si vous restez dans le pays encore un peu de temps! Vous serez responsable des maux que pourra causer votre précipitation!

— Cette responsabilité ne m'effraie pas, répliqua le jeune homme avec trouble; mais plus que jamais je sens la nécessité de partir... Quoi qu'il arrive, j'aurai pour moi ma conscience...

— Votre conscience, murmura Thérèse d'une voix étouffée, et l'estime de vos adversaires même!

Et une larme brûlante tomba sur la main d'Alfred.

Tout son être frissonna au contact de cette perle liquide. Il voulut parler, mais Thérèse s'était rejetée vivement en arrière et avait rabattu son voile. M. Laurent prit place à côté d'elle, salua poliment, et la voiture s'éloigna avec rapidité.

Alfred resta immobile sur le seuil de la porte; il sentait son cœur se briser. Quand la voiture eut disparu au détour du chemin, il s'arracha enfin à sa contemplation, et il se mit en devoir de rejoindre ceux qui l'attendaient. En traversant le jardin, son pas était rapide, inégal; son visage rouge, ses yeux hagards trahissaient une fièvre intérieure.

Les paysans, groupés sous le berceau de verdure, chuchotaient entre eux avec chaleur. A la vue du comte, ils se turent.

— Eh bien, mes amis, s'écria Alfred d'un air égaré, tout est-il prêt? m'apportez-vous enfin ces papiers dont j'ai besoin? Pourrai-je partir bientôt?... Cet homme a raison ; si je restais ici quelque temps encore, je serais capable... Mais il faut que je parte... je veux partir !

Il se laissa tomber, accablé, sur un banc. Les villageois le regardaient avec étonnement.

— Ainsi donc, monsieur le comte, reprit l'un d'eux avec timidité, vous n'avez pas fait la paix avec M. Laurent? Il n'est pas parvenu à vous détacher de nous? Vous êtes toujours notre ami?

— Qui vous a donné le droit d'en douter? interrompit Alfred d'un ton farouche.

— Quand je vous disais ! s'écria le vieux

Nicolas en s'adressant à ses compagnons ; eh bien ! monsieur le comte, je vais vous expliquer la chose... Hier, M. Laurent s'était vanté de vous brouiller avec nous ; en le voyant aujourd'hui traverser le village pour venir ici avec sa fille, ça avait donné des inquiétudes... ce M. Laurent est si adroit ! J'avais beau dire à nos voisins : « Ne craignez rien ! monsieur le comte ne se laissera pas endoctriner par de belles paroles ; il pensera à nous avant de penser à lui. » Ils avaient peur, parce qu'ils ne vous connaissent pas ! Ainsi donc le maître de la fabrique ne veut pas entrer en accommodement ?

— Un accommodement est impossible.

— C'est dommage, tout le monde eût gagné si la chose avait pu se terminer à l'amiable... Au fond, la bonne petite demoiselle est notre amie, et, comme d'un autre côté M. Laurent semblait bien disposé pour vous, je pensais...

— Tout est rompu, vous dis-je! interrompit Alfred avec une irritation extraordinaire; ne parlons pas de lui... songeons à nos intérêts... Ces papiers sont-ils prêts?

— Les voici, monsieur, dit le vieillard en lui présentant la liasse qu'il tenait à la main; voici la pétition, en forme de Mémoire, que vous avez rédigée vous-même; elle est signée de tout ce qui sait tenir une plume à trois lieues à la ronde..., Voici les procès-verbaux de M. Merville et des autres médecins du canton, pour constater l'existence de l'épidémie; Voici enfin les extraits mortuaires de ceux qui ont succombé depuis seulement une année dans notre malheureux village... Tout cela est signé et paraphé de M. Laurent lui-même ; il a pesté, mais il n'a pas pu se refuser à remplir son devoir !

— Bien, bien, répliqua le comte en compulsant rapidement ces diverses pièces ; avec ces preuves de votre déplorable position, j'obtiendrai nécessairement justice... Ayez confiance en moi ! avant vingt-quatre heures, je serai en route pour Paris !.. Ah ! mes amis, mes amis, continua-t-il avec un attendrissement profond, si je réussis, vous ne saurez jamais ce que le succès m'aura coûté...

Nicolas saisit la main du jeune homme et la pressa contre ses lèvres.

— Monsieur le comte, dit-il d'un ton suppliant, ne perdez pas courage ! Dieu semble déjà bénir vos efforts, et votre intervention nous a porté bonheur... La fièvre diminue dans le village ; nous commençons à espérer de meilleurs jours et nous ne doutons plus de la Providence... Mon petit Pierre, ce cher enfant qui est toute ma vie, à moi, recommence à sourire ; ses fraîches couleurs reparaissent sur ses joues... il vivra ! nous vivrons tous si vous ne nous retirez pas votre appui !

Pendant ce temps, le manufacturier, tout en suivant le chemin de l'usine, murmurait avec satisfaction :

— Quelle étrange découverte ! le jeune comte aime ma fille... Allons ! je n'ai plus à m'inquiéter de cet étourdi ; il est à moi... Maintenant, il s'agit de retrouver l'intrigant qui prétend avoir en sa possession les papiers perdus depuis si longtemps, et je ne conserverai plus aucun sujet de crainte. Si cependant ma fille l'aimait aussi! continuat-il en jetant un regard sur Thérèse, qui restait muette et abattue au fond de la voiture; bah! elle va épouser Smithson, c'est une folie!.. Mais ces papiers, ces maudits papiers, il me les faut, je les aurai!

XIV

Huit mois environ s'étaient passés depuis les événements que nous venons de raconter.

Un jour du mois de mai, il y avait grande agitation à la manufacture. On célébrait la fête de M. Laurent, et les ouvriers de la fabrique, poussés par le contre-maître général Smithson, avaient profité de cette circonstance pour faire une démonstration éclatante en faveur du manufacturier. Dès le matin, cette vaste cour que nous connaissons présentait un aspect joyeux et animé. Des mâts, chargés de guirlandes et de fleurs, se dressaient autour des bassins ; un orchestre avait été construit sous un arc-de-triomphe de verdure ; les ouvriers et ouvrières, revêtus de leurs plus beaux habits dansaient au son d'une musique champêtre. Des jeux d'adresse et de hasard s'étaient organisés dans l'espace resté vide ; ici c'étaient des parties de boule et de quilles ; plus loin, on s'exerçait au tir de l'arbalète contre un grand turc de carton qu'une simple balle d'argile suffisait pour renverser ; partout c'étaient des loteries, des cibles, enfin tout cet attirail bizarre et sans nom qui donne un charme naïf aux fêtes populaires.

Une foule immense encombrait l'enceinte de la manufacture et refluait jusque sur la chaussée. Chaque ouvrier avait fait venir sa famille, souvent de fort loin, pour prendre part aux divertissements de la journée. M. Laurent défrayait tous les étrangers; le vin, les rafraîchissements étaient distribués au premier venu avec une véritable prodigalité. Enfin, un des plus vastes ateliers de la manufacture avait été disposé pour servir de salle de banquet; un somptueux repas devait réunir le soir les invités autour d'une table commune et couronner dignement la fête.

Or, ce n'était pas sans un motif sérieux

que M. Laurent, économe et calculateur, s'était jeté dans des dépenses si frivoles en apparence, et si inutiles. Pendant les huit mois qui venaient de s'écouler, il s'était passé bien des choses importantes. Le comte Alfred, arrivé à Paris, avait courageusement rempli sa mission. Grâce à lui, les plaintes des pauvres gens du village avaient eu un retentissement extraordinaire; les journaux, la tribune nationale même avaient répété ces cris de détresse poussés par une population au désespoir. Malheureusement une stérile pitié pour les opprimés avait été le seul fruit de tant d'efforts. Soit que le manufacturier eût employé de puissantes influences, soit que réellement dans l'arsenal formidable de nos lois, aucune n'eût pu être tournée contre lui, rien d'efficace n'avait été tenté pour soulager les maux des habitants de Précigny. Vainement Alfred avait-il déployé une énergie, un dévouement, une constance incroyables, assiégeant les antichambres des hommes en crédit, écrivant chaque jour de nouveaux Mémoires pleins de verve, de sentiment, de conviction; tout avait été inutile. Il avait obtenu seulement quelques secours d'argent que, par une anomalie assez inconcevable, M. Laurent lui-même avait été chargé, en sa qualité de maire, de distribuer aux malades de sa commune.

Le manufacturier pouvait donc, à la rigueur, se considérer comme vainqueur dans cette lutte acharnée: cependant, en raison de la publicité donnée à une affaire, où l'opinion s'était nettement prononcée contre lui, une atteinte sérieuse avait été portée à sa considération. Pour effacer autant que possible l'odieux de sa conduite envers les habitants du village voisin, il avait voulu faire parade de l'affection de ses nombreux ouvriers; pour répondre aux calomnies dont il se prétendait l'objet, il avait provoqué cette démonstration tumultueuse. Le récit des évènements de cette journée, propagé par une feuille départementale, devait, à son sens, commencer une réaction en sa faveur. En conséquence, outre la foule répandue dans la cour de l'usine, bon nombre de personnages importants du pays avaient été invités à cette solennité. La plupart s'y étaient rendus, et avaient été reçus avec une hospitalité somptueuse. Fort de toutes ces marques de sympathie, le riche industriel se flattait d'étouffer plus tard les murmures et les plaintes; en attendant cette joie bruyante, retentissant autour de lui, devait empêcher de les entendre.

Cependant, en dépit de lui-même, M. Laurent, au milieu de son triomphe, semblait soucieux et inquiet. Plusieurs fois pendant la journée, en recevant ses hôtes ou en se mêlant aux divertissements de ses inférieurs, il avait laissé échapper des signes d'une préoccupation pénible. Enfin, vers le soir, fatigué de l'agitation et du fracas qui l'environnaient, il éprouva le besoin de respirer un moment en liberté. Laissant à sa fille le soin de faire les honneurs de la fête aux invités de distinction, devoir dont, malgré sa faiblesse, elle s'acquittait avec une aisance pleine de grâce, il engagea Smithson et deux autres personnes de son intimité, à le suivre. Tous ensemble ils sortirent à grand'peine de l'usine, et, s'approchant d'un petit bateau amarré à la chaussée de l'étang, ils s'embarquèrent pour une courte promenade sur l'eau.

Ils eurent bientôt gagné le large : les bruits de la fête devenaient moins distincts à mesure qu'on s'éloignait du rivage, et bientôt on n'entendit plus que les boîtes et les pétards tirés par les ouvriers à longs intervalles. Quoique le printemps fût peu avancé, la journée avait été chaude; la soirée était magnifique. Le soleil descendait lentement vers l'horizon, jetant de longues trainées lumineuses sur la surface mobile de l'étang. Comme les écluses, à cause de la fête, n'avaient pas été ouvertes depuis vingt-quatre heures, les eaux très-abondantes refluaient sur leurs rives plates et sans ombre plus loin qu'à l'ordinaire. Rien n'arrêtait le regard autour des promeneurs : à droite la brande aux plaines vaporeuses semblait se confondre avec l'étang lui-même; à gauche, on entrevoyait dans un léger enfoncement du sol les misérables chaumières et la vieille église de Précigny. Tout était calme, silencieux, désert; seulement de grosses carpes, bondissant par fois hors de l'eau, comme il arrive aux approches du soir, faisaient étinceler leurs écailles dorées aux derniers rayons du soleil, puis se replongeaient dans leur élément avec un bruit sourd et mélancolique.

M. Laurent était assis tout pensif à l'arrière de la barque; à l'autre extrémité

Smithson tenait les avirons et s'occupait assez mollement de sa besogne de rameur; mais l'embarcation était si légère qu'elle glissait avec rapidité à la surface tranquille de l'étang. Les deux étrangers avaient pris place sur un banc en face du manufacturier; ils échangeaient par moments quelques mots de politesse banale.

De ses deux individus, l'un était le docteur Merville, le médecin du pays, vieillard emphatique, pédant, d'une ignorance crasse, mais doué d'une complaisance inépuisable pour les caprices de ses malades, et d'une aptitude merveilleuse à ménager les intérêts les plus contraires. Au physique, gros, court, rouge, sa personne était des plus communes, quoiqu'il cherchât à la rehausser par un costume rigoureusement noir et cérémonieux. L'autre, âgé de quarante-cinq à cinquante ans, avait une mine fûtée et retorte qui décélait le chicaneur ; c'était M° Rigobert, avocat et avoué d'une petite ville voisine, la providence des plaideurs, le défenseur de toute mauvaise cause ; du reste, homme de ressources dans les cas désespérés, il avait rendu au manufacturier plus d'un service.

Sans doute M. Laurent avait eu quelques raisons particulières d'inviter ces deux personnages à l'accompagner dans sa promenade, de préférence à d'autres plus dignes peut-être de cette distinction. Mais quels que fussent ses motifs, il ne se pressait pas de les faire connaître, et il restait absorbé dans ses réflexions.

Le docteur Merville, par le privilége de

sa profession, se crut en droit le premier de rompre ce silence prolongé.

— Par ma foi, monsieur Laurent, dit-il d'un ton qu'il voulait rendre fin, si l'on en croyait les journaux, cette promenade sur l'eau, à pareille heure, serait chose passablement téméraire ! On a représenté l'étang de Précigny comme un lac empoisonné dont les émanations donnent la mort au bout de cinq minutes au gaillard le plus robuste... Sans être tout à fait aussi alarmiste, l'on pourrait, à mon avis, prendre quelques précautions.

— Bah! dit Rigobert d'un air sarcastique, cette maudite fièvre oserait-elle s'attaquer aussi au médecin? Ce serait par trop d'insolence !

— Ne riez pas, monsieur Rigobert, répliqua le docteur d'un air capable, en regardant autour de lui. Depuis deux jours, le temps est devenu très-chaud... Ces vapeurs rousses que vous voyez là-bas, à la queue de l'étang, ne me semblent pas de favorable augure pour les fabricitans de Précigny...

Le manufacturier sortit enfin de sa rêverie.

— Quoi donc, docteur, demanda-t-il avec vivacité, cette maudite épidémie qui m'a déjà suscité tant d'embarras, menacerait-elle de se réveiller ?... Il n'y pas eu de nouveaux cas au village, que je sache, ces jours passés ?

—Il est vrai, mon cher monsieur Laurent ; vous avez joué d'un merveilleux bonheur depuis plusieurs mois... Pendant tout le temps que ce jeune étourneau, M. de Précigny, a intrigué à Paris et vous a calomnié d'une manière honteuse, pas un seul décès n'est survenu au village, bien que la mortalité ait été vraiment effrayante l'automne dernier. L'hiver a été rude, la maladie a perdu ses caractères alarmants ; peut-être mes médicaments et les doses de quinine que j'ai su administrer à propos, ont-ils été pour quelque chose dans ces résultats… mais il ne m'appartient pas de me vanter! En vérité, vous eussiez pu être fort embarrassé si de nouveaux faits fussent venus corroborer les bruits répandus contre vous !

— Cependant, dit le manufacturier d'un air de reproche, ce jeune homme avait en main des procès-verbaux, des certificats signés de vous, docteur Merville, et ces documents ont eu le plus fâcheux effet à mon préjudice... Mais de quoi me plaindrais-je ? continua-t-il avec amertume, ceux sur qui je croyais pouvoir compter se sont tournés contre moi dans cette malheureuse affaire, ou m'ont servi froidement. Vous d'abord, docteur, vous qui, depuis dix ans, donnez vos soins à ma fille, à moi, à tous les malades de la manufacture, vous m'avez porté le premier coup... Ensuite, maître Rigobert que voici, en dépit de son habileté si connue, n'a pu me rendre un service auquel j'attache une grande importance... Personne ne m'a soutenu ; dans ma famille même, il s'est trouvé des admirateurs de mes adversaires ! certainement si ce brave Smithson ne m'avait aidé de ses conseils pleins de justesse et de fermeté, le courage m'eût manqué plus d'une fois !

Le légiste voulait répondre au reproche personnel qui venait de lui être adressé, Merville plus passionné le devança.

—Vous êtes injuste envers moi, mon cher voisin, s'écria-t-il, vous ne tenez pas assez compte des devoirs imposés aux hommes de science... devais-je refuser de constater, sur la réquisition des malades, une épidémie dont les symptômes étaient si clairs? Ce refus n'étant pas justifié, m'eût fait taxer d'ignorance... d'ailleurs je ne pouvais me brouiller avec ces gens de Précigny, depuis que l'épidémie a commencé, ce sont d'assez bons clients et mon confrère Simon, de Bélabre, eût profité de leur mécontentement pour m'évincer... Parole d'honneur, monsieur Laurent, ceci est de l'ingratitude, car je profite de toutes les occasions pour adoucir les esprits à votre égard ; je ne donne pas une ordonnance sans vanter vos bienfaits, sans recommander de s'adresser à vous dans un moment de nécessité...

— Vous faites bien et je vous remercie, répliqua le manufacturier avec chaleur ; cependant la haine de ces gens de Précigny est toujours implacable !... Voyez, ajouta-t-il en étendant la main vers le village qui semblait désert, pas un n'a voulu assister à la fête, malgré mes invitations, malgré mes efforts pour les y attirer ! vainement, pendant toute la journée, ai-je cherché dans la foule à reconnaître un seul d'entre eux ; pas une femme, pas un enfant que la curiosité ait poussé jusqu'à la fabrique... Ils se cachent, ils ont horreur de moi ! j'avais espéré que cette fête serait une occasion de rapprochement, de conciliation ; ils ont trompé mon attente !

— En effet, en traversant le village j'ai trouvé toutes les maisons fermées, on les eût crues abandonnées... mais je ne me suis pas arrêté pour demander la cause de cette solitude apparente ; vous m'attendiez et vous ne m'eussiez pas su gré d'avoir fait halte volontairement parmi vos adversaires... mais, j'y pense, ce que l'on m'a appris ce matin serait-il possible ?

— Que vous a-t-on appris, docteur ?

— Ce jeune homme, le comte de Précigny a, dit-on, quitté Paris et il est arrivé à la ferme, hier au soir.

— Lui ! il est revenu ! s'écria Laurent en pâlissant.

— Il est revenu ! répétèrent Smithson et Rigobert avec des intonations différentes.

Il y eut un moment de silence; chacun avait des motifs particuliers d'attacher une grande importance à cet événement.

— Je n'affirme rien, reprit le docteur... cependant, il me paraîtrait impossible que ces paysans se fussent si bien concertés pour se tenir à l'écart, s'ils n'avaient un chef puissant et respecté...

— Oui, oui, cette nouvelle doit être vraie, dit le manufacturier avec agitation; elle m'explique la conduite de ces malheureux... Ainsi donc, la guerre va recommencer ici, sous une nouvelle forme ! L'obstacle irrite, je le sais, les hommes du caractère de ce bouillant jeune homme; il va être plus ardent, plus acharné que jamais à me susciter des chagrins et des dangers! Pendant un temps, j'ai cru que ses menaces seraient vaines, qu'un sentiment secret diminuerait la violence de ses attaques!... je m'étais trompé, il a été impitoyable, il le sera encore, à moins...

— Que craignez-vous? s'écria Smithson avec arrogance; l'insolent gentleman n'a rien obtenu à Paris par les voies légales; que peut-il faire ici? Goddam! s'il osait revenir à la fabrique avec ces chiens de paysans, nous ne les laisserions pas aller comme la première fois et il ne s'y risquerait pas!

— Et ce serait un grand malheur! dit Laurent, d'un air d'angoisse. Ecoutez, Smithson, vous aussi, messieurs, car vous êtes des hommes sages et de bon conseil; je suis parvenu, il est vrai, à force de soins et de protections, à rendre vaines les furieuses déclamations de M. de Précigny; aucune mesure n'a été prise pour entraver la liberté de mon industrie... Cependant, je ne vous le cache pas, j'ai reçu récemment une lettre de mon protecteur le plus puissant à Paris. Il m'annonce qu'il a été fort difficile de contenir l'opinion publique soulevée contre moi. Le comte de Précigny a su intéresser à ses clients des personnages haut placés. Néanmoins, tant que la paix ne sera point troublée ici, je ne serai pas inquiété; mais s'il survenait des désordres qui nécessitassent l'intervention de la justice, on se verrait forcé d'agir, de faire des enquêtes, et alors nul ne peut prévoir comment se terminerait cette affaire. Peut-être serait-on dans l'obligation de me sacrifier... Voilà ce qui m'a été écrit, mes amis; et je tremble en pensant de quoi est capable Alfred de Précigny !

Les auditeurs réfléchirent un moment à cette révélation.

— Le danger ne me semble pas aussi sérieux qu'à vous, reprit le docteur d'un ton grave ; lors de leur première invasion à la fabrique, les paysans étaient réduits au désespoir par une affreuse mortalité; aujourd'hui, la maladie a perdu une grande partie de sa malignité. Si elle ne se réveille pas tout à coup avec une force nouvelle, ils n'auront pas de prétexte pour se soulever et ils resteront tranquilles, je m'en porte garant. Ne vous effrayez donc pas, mon cher Laurent, de l'arrivée de ce M. de Précigny : il ne peut plus rien contre vous.

— Je n'en compte pas moins sur votre

zèle pour apaiser l'irritation des gens de la commune... Docteur, ne perdez aucune occasion de leur parler en ma faveur, de me disculper des torts qu'ils me reprochent!... et vous, Smithson, continua-t-il en s'adressant au contre-maître, souvenez-vous toujours de mes recommandations; prenez soin qu'il ne s'élève pas le moindre conflit entre nos ouvriers et les paysans... si cela arrivait par la faute d'un des nôtres, je le chasserais sans pitié... oui, je le chasserais, fût-ce le meilleur contre-maître de la fabrique!

— J'y veillerai, monsieur, répliqua l'Anglais d'un ton maussade; cependant nous avons, moi surtout, un ancien compte à régler avec ces coquins et avec leur chef...

Et il porta la main à sa joue, comme s'il eût voulu en effacer la flétrissure.

— Paix! paix! ne revenons pas sur ce sujet, dit le manufacturier avec empressement; vous êtes un homme trop sensé, Smithson, pour attacher une importance exagérée à de pareilles choses... songez à la récompense qui vous est promise, qui vous est due!

— La récompense! murmura Smithson dont le visage se rembrunit encore davantage; la récompense! je ne la tiens pas encore.

FIN DU TOME PREMIER.

OUVRAGE ENTIÈREMENT INÉDIT.

LA

FAMILLE RÉCOUR

ROMAN DU XIXme SIECLE,

PAR MADAME DE BAWR,

2 vol. in-8. — Prix : 12 fr.

PASSARD, LIBRAIRE-ÉDITEUR,
9, RUE DES GRANDS-AUGUSTINS, A PARIS.

LE PRINCE
FRANCISQUE

Roman historique entièrement inédit,

PAR

FABRE D'OLIVET,

7 magnifiques volumes (*complet*) in-8°. Prix : 52 fr. 50 c.

Cet ouvrage n'est pas seulement un roman, c'est aussi une histoire. Le récit des événements, la peinture des caractères, la physionomie des personnages, en recevront un nouvel intérêt, et sauront réunir au charme d'une action dramatique et passionnée, l'attrait plus sérieux qui s'attache à des faits réels, authentiques, et dont l'exactitude est prouvée. C'est sur les Mémoires mêmes laissés par le prince Francisque Rakotzi, sur les écrits des personnages contemporains, sur les pièces officielles existant dans les chancelleries de France et d'Allemagne, que l'auteur a travaillé. — Le lecteur pourra donc le suivre avec confiance jusqu'à la fin du livre ; c'est là qu'il trouvera, suivant l'habitude contractée par l'auteur dans ses précédents ouvrages, les extraits des nombreux et intéressants documents qu'il a consultés, et il pourra juger par lui-même de la fidélité du récit.

A LA MÊME LIBRAIRIE.

EN VENTE :

UN MILLION DE PLAISANTERIES

Calembours, Naïvetés, Jeux de mots, Facéties, Reparties, Saillies, Anecdotes comiques et amusantes, inédites ou peu connues, recueillies par Hilaire le Gai. 1 charmant volume in-32. 2 fr.

UN MILLION DE BÊTISES

ET DE TRAITS D'ESPRIT, Bons contes, Bons mots, Bouffouneries, Calembours, Facéties anciennes et modernes, Parades de Bobèche, etc., recueillis par Hilaire le Gai, 1 charmant volume in-32.. 2 fr.

PETIT TRÉSOR DE POÉSIE RÉCRÉATIVE

Choix des plus agréables Facéties en vers, anciennes et modernes, Satires, Contes, Épigrammes, Madrigaux, Pièces burlesques et galantes, recueillies par Hilaire le Gai. 1 charmant volume in-32.. 2 fr.

UN MILLION D'ÉNIGMES

CHARADES ET LOGOGRIPHES anciens et modernes, recueillis par Hilaire le Gai. 1 charmant volume in-32....... 2 fr.

POUR PARAITRE SUCCESSIVEMENT :

PLUSIEURS VOLUMES SUR DIFFÉRENTS SUJETS

même format et même prix.

ALMANACH FACÉTIEUX

RÉCRÉATIF, COMIQUE ET PROVERBIAL POUR 1849,

Recueil d'Anecdotes, Bons mots, Calembours, Énigmes, Charades, Logogriphes, précédés de Proverbes relatifs à l'agriculture et de Présages astronomiques et météorologiques, pour toute l'année, publié par Hilaire le Gai. 1 vol. in-18 de 192 pages..... 50 c.

Corbeil, imprimerie de CRÉTÉ.

www.ingramcontent.com/pod-product-compliance
Lightning Source LLC
Chambersburg PA
CBHW060652170426
43199CB00012B/1762